彩图版

U0666236

自然名胜景观

戚光英 编著

Wuhan University Press
武汉大学出版社

前言
PREFACE

　　我国幅员辽阔，地形复杂，具有丰富的自然地理、自然气候、自然遗产、自然风景、自然名胜、自然人文等，有着非常的独特魅力与深刻内涵。

　　我国地形丰富多样，平原、高原、山地、丘陵、盆地五种地形齐备。其中，山区面积广大，约占全国面积的三分之二。复杂多样的地形，形成了我国复杂多样的自然地理。

　　我国属于季风性气候区，冬夏气温分布差异很大。全国冬季气温普遍偏低，南热北冷，南北温差较大，有着各具特色的自然气候。我国绝大多数河流分布在东部外流区，内流区河流较少。南方外流河流量大，水位季节变化较小，汛期较长，含沙量小，无结冰期。北方河水流量小，水位季节变化较短，含沙量大。

我国自然资源十分丰富，以名山秀水、密林草原等最为重要。有挺拔的泰山、衡山、华山、恒山、嵩山、黄山、庐山、雁荡山等名山，有奔腾的长江、黄河、黑龙江、松花江、雅鲁藏布江等大河，还有桂林山水、长江三峡、杭州西湖、无锡太湖、海南三亚、云南大理、丽江、西双版纳和台湾日月潭等，还有热带密林、辽阔草原、众多名胜古迹等，它们都闻名世界自然景观。

祖国江山如此多娇，自然风光绚丽多彩，非常值得我们喜爱与自豪。因此，我们要满腔激情地去欣赏她、歌颂她、赞美她，我们要热爱我们的伟大祖国。为此，我们特别编辑了这套《中国自然景观丛书》。该书主要包括自然遗产、地理、景观、土地、地质、山脉、水文、名胜、生态、动物、植被、森林等景观内容，知识全面，内容精练，图文并茂，形象生动，通俗易懂，能够培养我们的爱国热情，具有很强的可读性、欣赏性和知识性，是我们广大读者了解中国、增长知识、开阔视野、提高素质、激发爱国情感和学习自然地理的良好读物，也是各级图书馆珍藏的最佳版本。

目 录
CONTENTS

金陵毓秀——钟山

钟山风景名胜区位于江苏省南京市，以钟山和玄武湖为中心。钟山风景名胜区蜿蜒起伏，宛如游龙，包括紫金山、明代城垣、玄武湖，山、湖的连接地带以及环湖的富贵山、覆舟山和鸡笼山等若干低丘和城垣、城堡。

其特点是山光与水色齐收，山、水、城、林融为一体，相得益彰。自钟山远眺，玄武湖五洲烟柳，十里春风；燕雀湖波光墙影，紫霞湖林海明珠，尽收眼底；富贵山、覆舟山和鸡笼山秀峰塔影，林木葱郁。绮丽的山光水色让人看了心旷神怡，赞叹不已。

自然生成的山林野

趣，加上匠心独运的精美建筑，使得钟山风景区成为自然美与人文美紧密结合的上乘佳作。

钟山位于六朝古都南京的东郊，是南京地区的群山之首。钟山古称金陵山，战国时楚国在此建金陵邑，即由此山得名。汉代时该山开始称为钟山，东晋时开始称为紫金山，因为该山有紫色页岩，远望山顶，紫云缭绕，气象万千，故而得此名。

钟山三峰相连形如巨龙，山、水、城浑然一体，雄伟壮丽，气势磅礴，古有"钟山龙蟠，石城虎踞"之称。

钟山，在南京既是一座城中的山，又是一座城中之城。集寻古探幽、观光休闲于一体。人们常将钟山比作龙头，其尾拖至镇江而入海，称宁镇山脉是一条巨龙，从东海入江，故曰"神龙见首不见尾"。

钟山上的树，与城内的树就大不一样，钟山上的树值得南京人骄傲，春天的梅花、秋天的枫叶和桂花、常绿的松柏、土生土长的榆槐、舶来的石楠，都是南京人常挂在嘴边的树木。钟山因有气候水土等优越的条件，成了一座天然茂盛的森林。

钟山地处北温带和亚热带之交，为南北植物引种过渡地带，植物品种丰富，林木繁茂。

钟山是江苏南部茅山山脉的余脉宁镇山脉的最高峰。山势整体呈弧形，中部向北凸出；东段向东南方向延伸，止于马群、麒麟门一带；西段走向西，经太平门附近入城，隆起为富贵山、覆舟山和鸡笼山。钟山山势蜿蜒逶迤，形如莽莽巨龙，故称"钟山龙蟠"。

钟山有三座山峰，呈笔架形。主峰居中偏北叫北高峰，为宁镇山脉之最高峰；其东南第二峰为小茅山；第三峰居西称天堡山。环山溪流交汇，湖泊众多，北麓的玄武湖、山南的紫霞湖、燕雀湖、琵琶湖等尤负盛名。

自六朝第一位帝王东吴孙权开始，钟山即成为帝王陵寝及功臣勋戚的葬地所在。自六朝伊始，钟山又是江东的佛教圣地。自六朝至近现代，钟山均为军事要冲，为兵家必争之地。

钟山人文景观众多，历代风物荟萃，有多处名胜史迹和纪念建筑，真是琳琅满目，错落有致，掩映在苍松翠柏之中。钟山，是古都南京的骄傲，是古都南京的圣地。

灵谷寺在钟山风物中是历史最为悠久的佛寺建筑。在六朝时期，钟山寺宇很多，梵宫刹宇林立，钟磬之声相闻。岁月沧桑，历代迭有兴废，至今仅山左之灵谷寺尤具规模。

特别是灵谷寺中的无量殿形制高大，全用砖砌，不用寸钉片木，故又称无梁殿，为国内现存同类建筑中时代最早、规模最大者。

钟山文化遗迹也颇具特色。就碑刻而言，唐代大画家吴道子作画、大诗人李白作赞、大书法家颜真卿所书的宝志和尚像赞碑，即世称的"三绝碑"者，素负盛名。

钟山原建于独龙阜，后随灵谷寺迁往今址。坟头村附近的阳山碑材，即明成祖朱棣下令开凿，原拟作为刻制孝陵神功圣德碑的碑材，其碑额、碑身、碑座硕大无比，堪称"绝世碑材"。

玄武湖是钟山风景名胜的重要组成部分，东与钟山相邻，山清水秀，相得益彰。它处在南京市玄武门外，湖有五洲，即环洲、樱洲、翠洲和菱洲，风光秀美，各有特色。

从南京市内出玄武门，走过两面绿树婆沱染的翠虹堤，即是环洲，洲身狭长弯曲如环，故名。洲上有两块玲珑剔透的太湖石，一名观音石，一名童子石。观音石后有一土墩，洲上遍植垂柳，微风吹来，烟云缥缈，"环洲烟柳"已成为它的特色美景。

樱洲在环洲环围之中，成为洲中之洲，两洲仅隔一条狭窄的水道，有桥相连。洲上广种樱花树，因而得名。每当春暖花开，这里鲜艳夺目。沿湖还有一条长廊，隐现于树海花丛之中，亦甚别致。

梁洲在环洲北面，从环洲向北过芳桥即是。在五洲中它开辟最早，风景最佳，名胜古迹最多。早在南朝梁代这里即建有昭明太子读书台，故称梁州，著名的《昭明文选》大都在此写成。

洲北有览胜楼，登楼眺望，全湖风景尽在眼中。洲西有湖神庙和铜钩井，洲上还有友谊厅、陶然亭、赏荷亭、闻鸡亭等古建筑及溜冰场、观鱼池、温室苗圃等，以供游人观赏。这里绿树葱茏，花草繁藏，"梁洲秋菊"是其特色。

翠洲在梁洲以东，过翠桥即是。这里佳木繁多，苍翠欲滴，故名。绿树、蓝天、白云一起倒映湖中，构成了"翠洲云树"佳景。洲上有少年之家、音乐台、露天剧场等游艺场所。

菱洲在环洲东面，处在玄武湖中心，与翠洲南北相对，因洲形似菱，过去又产红菱而得名。菱洲原是孤立湖中的一岛，与其他各洲不相连接，一条向西连环洲，一条向南至解放门，连古台城。紫霞湖其东面水面辽阔，钟山倒映湖中，岚光山影构成了"菱洲山冈"胜景。

紫霞湖是个深藏于山间林海中的人工蓄水湖泊，因与紫霞洞相连而得名。紫霞湖湖水清澈，周围林木葱郁，山青水碧，风景佳丽，有"林海中的明珠"之誉。

此外，钟山北高峰上梁昭明太子读书台、南宋著名爱国诗人陆游雨中游钟山定林寺的摩崖题刻、明代紫霞真人隐居的道家"第三十一洞天"等处，均为钟山胜境，具有浓郁的文化气息。

音乐台，位于中山陵广场南。音乐台为钢筋混凝土结构，其平面为半圆形。圆的中心是舞台，台后建有大壁，同北京回音壁原理相同，可以汇集音浪。音乐台用水泥假石镶面，台前有一汪月牙形莲花池，池底有伏泉，池前是半圆形草坪。

流徽榭在中山陵至灵谷寺公路的南边，又名水榭亭，三面临水，碧水如镜，倒映水榭，别有情趣。

梅花山在南京市中山门外钟山南，处于明孝陵神道的环抱中，因山上多红梅而得名。梅花山旧名孙陵岗，也称吴王坟，因东吴的孙权葬在这里而得名。

　　梅花山位于明孝陵、石象路旁，内外梅花繁茂，现有面积很大，栽植了多个品种的梅花。明末徐渭画《钟山梅花图》，绘出"龙蟠胜地，春风十里梅花"之景观。

　　南京中山植物园是我国第一座国立植物园，坐落于南京东郊的国家级钟山风景区内。它背倚苍翠巍峨的钟山，面临波光潋滟的前湖，傍依古老壮观的明城墙，遥对闻名中外的中山陵。

　　园中气候温和、植被茂盛，融山、水、城、林于一体，秀色天成，风光旖旎，既是一个独具魅力的旅游胜地，又是一个奥妙无穷的植物王国。

　　紫金山天文台内还保存着一批极珍贵的文物，有浑仪、简仪、圭表、小天体仪、小地平经纬仪和漏壶等，这些仪器制作精美绝伦，使用精确方便，举世闻名。

钟山风物，当以孙中山先生的陵墓及其附属纪念建筑群为最。中山陵，位于紫金山中茅山的南坡，前临平畴万里，后拥苍崖千丈，由我国著名建筑师吕彦直设计，融汇我国古代与西方建筑的精华，庄严简朴，别创新格。墓地全局呈"警钟形"图案，寓"使天下皆达道"之义。

中山陵的建筑风格中西合璧，钟山的雄伟形势与各个牌坊、门、碑亭、祭堂和墓室通过大片的绿地和宽广的通天台阶，连成一个大的整体，显得十分庄严雄伟。中山陵既有深刻的含意，又具纪念的功能，更有宏伟的气势，被誉为"中国近代建筑史上的第一陵"。

小知识大视野

钟山因为不凡的气度和形胜，曾引无数帝王将相竞相折腰。南唐李后主信佛后放弃了对宋的一战，当僧侣们拿起武器誓死要保卫皇城时，李后主劝说他们这是违背佛的宗义，于是自己作为护城的人质当了俘虏被宋人押走。

"问君能有几多愁，恰似一江春水向东流"，作为诗人的李煜，大概悟到了佛的诚实、和谐、爱语、质直、清静、慈悲、正见等宗旨。这些佛的基本要义，历经2000多年至今仍被大家沿用。说明人类在追求世界和平、社会和谐、科学发展中，真善美是永恒的，真善美是人类追求的至高境界。

五岳独尊——泰山

泰山，古称岱山，也称岱宗，春秋时改称今名，因地处东部，又称东岳。

泰山位于山东省泰安市城北，因古人以东方为万物交替、初春发生之地，古之帝王每年要来泰山举行封禅大典，祭告天地，故有"五岳独尊"之说。其山势突兀峻拔，景色壮丽，有众多的名胜古迹。

泰山的主要景观有岱宗坊、王母池、红门宫、万仙楼、斗母宫、柏洞、壶天阁、回马岭、中天门、云步桥、对松山、五大夫松、升仙坊、南天门、无字碑、经石峪刻经、鸳鸯碑、纪泰山铭、碧霞元君祠、日观峰、王皇顶、后石坞、黑龙潭、普照寺等。

岱宗坊是由东路步行登泰山的起点，为四柱三洞式石坊，全部选用优质花岗岩砌筑，上覆石瓦，单檐挑角。坊东西两侧为岱宗坊游园，人们多在此休憩。

王母池，古称瑶池，也叫群玉庵，位于岱宗坊的北面，在其转折向东不远处。王母池传为王母约会群仙的地方。这是一组依山傍水、高下相间、玲珑紧凑的古代建筑群。唐代诗人李白在《游泰山》诗中也有"朝饮王母池，暮投天门阙"的诗句。王母池现存多为明清建筑，三进式院落，平面呈长方形。从前院到后院逐步登高。内中有王母池，池西为王母泉，泉水清莹、甘冽，经年不涸。

红门宫因其西北悬崖有两块并列如门的红石而得名。登上台阶映入眼帘的是4座石坊，它们前后相连，故有小坊群之称。第一座牌坊为一天门坊，初建于明代，清康熙年间重修。其后紧连着就是孔子登临处石坊，再后是天阶坊和瞻岩初步两座石坊。它以飞云阁为中心，分为东西两部分，东为弥勒院，西为元君庙。另建有更衣亭，乃是帝王登山换銮更衣之处。

万仙楼旧称望仙楼，坐落在红门宫以北，为一跨盘道楼阁式建筑。门洞高4.4米，上层楼阁3间，重梁起架，九脊歇山顶，覆盖着黄色琉璃瓦。门洞之阴上刻"谢恩处"三字，传为旧时帝王登山，地方官员送驾至此谢恩返回之处。

斗母宫坐落在泰山龙泉峰下，东临溪水，古称龙泉观，原为供祀"先天斗母大圣元君"，传说是北斗众星之母的道观，后改为佛门的尼姑庙院。斗母宫分南北三层院落。中、北两院各有大殿三间，宫中有殿宇、楼阁、亭榭、庑廊等房屋数十间。整个建筑依山傍水，错落有致。

宫门西向，门口枕石上有琢雕精细、形象逼真的石狮子一对。南院寄云楼建于1914年。北院正殿为送子观音殿三间，东轩为听泉山房，凭牖远眺，可观泰山著名胜景三潭叠瀑。宫前一棵明代古槐，犹似卧龙翘首，故名卧龙槐。此处景致静中有动，别具一格。柏洞在斗母宫北面，盘道两侧山崖上布满了古柏，古柏连绵上千米，使人犹如进入了一个由柏树组成的隧道之中，故有此称。这里古柏茂盛，荫翳蔽日，人行其间，虽在盛夏烈日之下，也觉清爽可人，多在此休憩。

壶天阁在柏洞北面，始建于明代，原名升仙阁，清乾隆年间扩建后改为今名。所谓"壶天"即道家所称的仙境。门洞两旁镌有对联："登此山一半已是壶天，造极顶千层尚多福地。"

　　阁楼为重檐歇山式，黄色琉璃瓦覆盖。阁北为元君殿，阁西有倚山亭。回马岭位于壶天阁西侧，旧称石关，也叫瑞仙岩。盘路上立有石坊，上书"迴马岭"三个朱红大字，使人意识到登山至此，道路险峻，马已不能上，只可徒步攀登了。这里重峦叠嶂，峰回路转，形势险要。

　　中天门位于泰山中、西两路交汇处，也叫二天门。它高踞于黄岘岭之上，为泰山主峰屏障。中天门石坊立于十二连盘和倒三盘的结合处，旁有巨石仆卧如虎，因名伏虎石，石壁上有清吴大澂大篆"虎"字，古朴雄健。

　　云步桥位于中天门上，因石桥飞架在云雾缭绕的断崖之上，人行至此如在云中漫步，故名。云桥高悬如虹，百丈崖瀑布似白练倾泻而下，是为"云桥飞瀑"，乃泰山十大自然景观之一。

　　五大夫松石坊下有巨石一块，上刻"飞来石"三个大字，是明万历三十一年（1603年）在一次狂风暴雨中，从山上滚落下来的。山坡上有古松一棵，状若伞盖，长枝下垂如拱身行礼迎接宾客，故名望人松，也称迎客松，相传它为秦时古松，已成为泰山标记之一。东北悬崖上刻有清乾隆皇帝《朝阳洞诗》，俗称万丈碑，它是泰山最大的摩崖刻石。

对松山又称万松山，或称松海，位于南天门下。这里两峰对峙，松生绝壁，云出其间，风起则松涛轰鸣。清乾隆皇帝至此，遂有"岱宗最佳处，对松真奇绝"的赞叹。

升仙坊，在南天门下"十八盘"的盘道中间。以此坊为界，坊南谓"慢十八"，坊北为"紧十八"，旧有过得此坊便可成仙之说。石坊建于明代，系两柱一洞的跨路坊。游人在此抬头仰望南天门，但见盘道陡峭，犹如天梯悬空，回视来路，青峰浮云，碧海涌波，宛若置身天街。

南天门坐落在登山盘道的尽处，又名三天门。翔凤、飞龙两峰雄峙东西，天门扼隘口而立，险中出奇，气度非凡。门分两层，下为拱形门洞，上为阁楼，名摩云阁。门西侧有元代杜仁杰撰、严忠范书写的《天门铭》石碑，铭词古雅，楷法端严。

无字碑矗立于泰山极顶处，高6米，宽1.3米，厚0.9米，重约170吨，由石灰岩琢磨而成。其形制自下而上渐次收分，顶部覆以方石一块，其上又叠置一小型雕柱，遥观如一通巨型经幢。

据清代学者顾炎武考证，此碑当系汉武帝封禅泰山时所立。当时汉武帝刘彻自认为"受命于天""功高莫名"，任何语言、文字都不足以充分表达其丰功伟绩。

经石峪刻经位于泰山中路东侧大罗汉崖山涧之中一块约3000平方米的石坪上，自东而西镌刻有47行经文，内容为北朝以来广为流行的《金刚经》。每个字径约50厘米，铭一两厘米，被后人尊之为"大字鼻祖，榜书之宗"。经文隶书，字体圆润，气势雄奇，是我国重要的佛经刻石。

鸳鸯碑，又名双束碑，是泰山现存最早的唐代碑刻，内容为唐高宗至德宗年间六帝一后时期岱宗观修斋建醮的文书，共27篇。其中仅武则天时期的就有9篇，并保留了武则天独撰的一些新字。这种造型新颖、集中刻石纪事的碑刻，为我国碑刻史迹所仅见。

纪泰山铭，雕镌在泰山极顶大观峰东侧，全文4段，24行，每行51字，共996字，连同额名正好1000字。这是唐玄宗李隆基于725年封禅泰山时亲自撰书，也是他封禅泰山的历史见证。铭文由隶书写成，形制端庄，书艺遒逸，文词典雅、气魄恢宏。

碧霞元君祠坐落在泰山极顶南面。建于宋代，明清均有增修。初名昭真祠，金称昭真观，明称碧霞元君庙或碧霞灵佑宫，清乾隆年间改为今名。祠内供奉主神为"天仙玉女碧霞元君"，也称泰山玉女，俗称泰山老母。

日观峰位于岱顶天柱峰东南，为观看日出的最佳去处。峰北有巨石探出，长约两丈，名拱北石，又名探海石。

"旭日东方"乃岱顶之奇观，初始只见一红线，它渐渐扩张，绚烂多彩，久之忽现弓形，须臾即呈半圆，转瞬跃出海面，顷刻间便光芒四射，普照人间。

玉皇顶也称天柱峰，是泰山的顶峰。因其上建有玉帝观，故名。极顶石周围有石栏杆，石上题有"极顶"两字。西北有"古登封台"碑，是古代帝王登高封禅的地方。

玉皇庙建于泰山极顶，为泰山上地势最高的建筑物。主殿内供明代铸玉皇大帝铜像。东有迎旭亭，西有望河亭。在亭内可东观海上日出，西望晚霞夕照。

后石坞在泰山之阴的山峪中，三壁环抱，被称为"岱阴奥区"，谓奥妙无穷之意。石坞石洞内泉水叮咚，寒冬形成的冰柱，如同玉圭，虽盛夏也不融化，故有"六月寒冰坚玉柱"之说。此处多松柏，姿态各异，"石坞松涛"堪称佳景，且多怪石，嶙峋如笋，故有"笋城"之称谓。

黑龙潭位于东百丈崖之

下。西溪之水曲折奔流来到这里骤然飞落于绝涧，架空悬注，如飞虹闪电，飞驰而下，顿时云烟吞吐，晦明变幻。潭边西溪石亭有楹联一副："龙跃九霄云腾致雨，潭深千尺水不扬波。"所言非常形象。潭上有长寿桥，状若彩虹；潭南有龙潭水库，晴日可观傲徕倒影。

普照寺在泰山南麓，是山南保存最完整的禅寺。初建于六朝，后多有扩建，明清时均予以重修。该寺依山建造，分上中下三重。以双重山门、大雄宝殿及摩松楼为中轴线，东西配以殿庑、禅房、花园等。

小知识大视野

传说，在很久以前，世界初成，天地刚分，有一个叫盘古的人生长在天地之间。

经过了漫长的1800年，天极高，地极厚，盘古也长得极高，他呼吸的气化作了风，他呼吸的声音化作了雷鸣，他的眼睛闪出道道蓝光，这就是闪电。他高兴时天空就艳阳高照，他生气时天空就阴雨连绵。

后来盘古慢慢地衰老了，他的头变成了东岳，腹变成了中岳，左臂变成了南岳，右臂变成了北岳，两脚变成了西岳，眼睛变成了日月，毛发变成了草木，脂膏变成了江河。

因为盘古开天辟地，造就了世界，后人尊其为人类的祖先，而他的头部变成了泰山。所以，泰山就被称为至高无上的五岳之首。

绮丽自然——井冈山

　　井冈山位于江西省吉安市境内，地处湘东赣西边界，南岭北支、罗霄山脉中段，是集人文景观、自然风光和高山田园为一体的山岳型风景旅游区。

　　井冈山东临江西泰和、遂川两县，南邻湖南、炎陵县，西靠湖南茶陵县，北接江西永新县，是江西省的西南门户。

　　井冈山山高林密，沟壑纵横，层峦叠嶂，地势险峻。其中部为崇山峻岭，两侧为低山丘陵。从山下往上望，巍巍井冈山就如一座巨大的城堡，五大哨口是进入"城堡"必经的"城关"，把守此地，有"一夫当关，万夫莫开"之势。

井冈山属亚热带季风气候，四季分明，雨量充沛，一月份为最冷月，七月份为最热月。

井冈山上林木繁茂，有各类植物3800多种，其中香果树、银杏、水杉、鹅掌楸、井冈杜鹃等，均属名贵珍稀植物。一般杜鹃花都是丛生灌，这里却能长成直径近一米的大树，而且品种很多。每年春夏之交，漫山遍野的杜鹃花盛开，景色迷人。

每年春天，这里同样"红"透半边天，因为在参天挺立的水杉之间，在浓荫馥郁的梧桐之下，以树的姿态密密匝匝地伸向蓝天的杜鹃也迎来了绚烂的花期，为绿色的山林增添了斑斓的色彩。微风过处，杜鹃花影影绰绰，如裙摆飘飘，让人沉醉。

井冈山上的杜鹃种类繁多，有云锦杜鹃、鹿角杜鹃、猴头杜鹃等约30个名贵品种，而其中最为著名的当属这里独有的珍稀树种"井冈山杜鹃"。

它不仅有清新扑鼻的花香，而且还拥有独具一格的"渐变"色：初开时为粉红色，然后逐渐变成紫红色，其色泽绚丽、妩媚多姿，非常独特。

井冈山特产有猕猴桃、金桂、山梨、杨梅、石耳、木耳、香菇、玉兰片、玉溪茶、黄连等。

井冈山的自然景观令人叹为观止。景区内峰峦叠嶂，峪壑幽深，溪流澄碧，林木蓊郁。主要的景观类型有：峰峦、山石、瀑布、溶洞、气象、高山田园风光、次原始森林和珍稀动植物、温泉等。这些景观具有雄、险、秀、幽、奇的特色。可以春赏杜鹃，夏观云海，秋眺秀色，冬看雪景。井冈山尤以雄险的山势、奇特的飞瀑、磅礴的云海、瑰丽的日出和烂漫的杜鹃花而蜚声中外。

这里巍峨群峰矗立，万壑争流，苍茫林海，飞瀑流泉，有气势磅礴的云海，瑰丽灿烂的日出，十里绵延的杜鹃长廊和蜚声中外的井冈山主峰。

五指峰位于茨坪西南面，因峰峦像人手的五指而得合得名。

　　五指峰峰峦由东南向西北伸延，绵亘数十千米，气势磅礴，巍峨峻险，至今杳无人迹，还是个"神秘世界"，人只能站在隔岸的"观景台"上远望其巍峨的雄姿。五指峰是保存完好的原始森林，现已被列为自然保护区。五指峰两边巨峰对峙，中间一条深谷，谷底为龙庆河，即井冈山河。其半山腰有个"天军洞"，相传为当年太平天国军驻地。与五指峰相望的还有"龙庆洞"，传说此洞曾藏龙居仙。

　　景区内是一座天然的动植物园，这里是短尾猴、木鹿、黄腹角雉等珍禽异兽出没的地方。

　　五指峰还有一座瀑布，如同千尺素绢半空悬挂，在几千米以外就可望见，并有流动感。五指峰瀑布是井冈山落差最大的瀑布。五指峰脚下有一群峦湖，犹如一轮明月映照在茫茫云海之中，为主峰景区增添了迷人的色彩。

五指峰下的龙庆河盛产"井冈三石"：石鸡、石鱼、石耳。整个保护区春季峰峦叠翠，鸟语花香；夏末蛙蝉齐鸣，悦耳动听；秋日红叶映日，层林尽染；冬天银装素裹，冰晶似玉。

　　在一片杜鹃密林处，有几块巨石，前后斜立，形态酷似黑框金蟾，日夜抬头望天，人们称其为"金蟾望月、蛤蟆叫天"石，是笔架山的美景之一。

　　在"金蟾望月"石的对面生长着一丛丛高山杜鹃林，林中则不时有黄莺飞出落在石上高歌。金蟾张开大口像是吹响了革命的集结号，杜鹃林也像是被唤起的千百万工农群众。在"金蟾望月"石的西边有几块较大而平整的石头。

　　井冈山周围的群山，横看成岭侧成峰，松峰顶篁交翠，古树成林，溪涧流泉清冽，石鱼历历可数，美味的石鸡、珍稀保护动物娃娃鱼也分布于此。

　　当地居民的住宅则环境清幽，建筑风格古朴，和周围的环境相映成趣。在这里，游人看到的是一幅高山田园画，听到的是一首高山田园诗，耳目自然为之一新。

黄洋界居高临下，扼居山口，形势险要，当地群众称之为摩天岭。在这里放眼四望，群山起伏，层层叠叠，白云翻腾，犹如汪洋大海。当年的哨口工事和上山小路还依稀可见。

杜鹃山主要由中峰、西峰、东峰三大峰组成。远望犹如古代的笔架，故名笔架山。整座山峰雄伟壮丽，葱茏峻拔，逶迤奇险，风光秀丽。

笔架山上素有"十里杜鹃十里松"的说法。沿着杜鹃长廊走，有成片的台湾松。这些松树平展、刚劲、挺拔、卷曲、盘旋，似凤凰归巢，如飞龙入海，有的像蘑菇，有的似大、小松岛，更是奇松集中的景点。这里到处可见一棵棵台湾松如巨龙起舞，凌空飞腾。

小知识大视野

据说，以前有一对神仙男女，看到人间男耕女织，夫妻和睦相处，于是就动了下凡的念头。他们趁着王母娘娘在瑶池举行蟠桃宴会的机会去偷莲种，当仙男带着水珠宝和莲种准备逃出瑶池时，被管理莲塘的仙女发现了。

王母娘娘知道后，便派出十八路神兵神将封路拦截。仙男见此情况，知道只要交出宝花神种，就能免除一死，但他面对死亡，毫无惧色，毅然地将宝花神种撒向凡间。因为莲盘是撒在井冈山这块地方，所以，现在的井冈山就像一朵盛开的绿色莲花。

山水神秀——仙都

仙都，位于浙江省丽水市缙云县境内，是一处以峰岩奇绝、山水神秀为景观特色，融田园风光与人文史迹为一体，以观光、避暑休闲和开展科学文化活动为一体的国家级重点风景名胜区。

仙都也是一个山明水秀、景物优美、气候宜人的游览胜地。境内九曲练溪，十里画廊，山水飘逸，云雾缭绕。

仙都风景区，自隋代起闻名于世。仙都风景区分布于练溪的东西两岸，由鼎湖峰、芙蓉峡、倪翁洞、小赤壁、姑妇岩、朱潭山、步虚山等景点组成。

鼎湖峰景点是整个风景名胜区的核心。鼎湖峰，又称"天柱峰"，它东靠步虚山，西临练溪水，状如春笋拔地而起，直插云霄，人们常谓之为"天下第一峰"。

鼎湖峰顶有小湖，湖周苍松翠柏掩映。相传轩辕黄帝曾置炉于峰顶炼丹，丹成黄帝跨赤龙升天时，丹鼎坠落于此而积水成湖，故名鼎湖。这里至今无路可攀登，仅有药农架绳索飞渡峰顶采药。

白居易有诗记载：

黄帝旌旗去不回，片云孤石独崔嵬。
有时风激鼎湖浪，散作晴天雨点来。

鼎湖峰旁依偎着一小石峰，俗称"小石笋"，酷似慈母抚娇儿，又名"童子峰"，意境绝妙。紧靠鼎湖峰的是步虚山，山上多奇石，山腰多石洞，人们沿着山谷中蜿蜒的盘道，可上山巅。上有一亭可凭栏近观鼎湖峰，远眺仙都山光水色。

芙蓉峡，从鼎湖峰沿好溪上行三四千米，渡溪入山谷，两侧峭壁通体漆黑，整座山体又如钢铁铸成的石城堡。越往里走，峭壁越高，山谷越窄。最狭处，中裂如门，仅容一人穿过，大有

"一夫当关，万夫莫开"之势，故叫"铁门峡"。

芙蓉峡的峡石呈铁色，全长约数十米，两面陡壁耸峙，俨如一条通天夹弄，让人顿感深谷清幽，心情静寂。

从芙蓉峡继续入内又是另一洞天，四周高崖围立，中间绿草成茵，叫紫芝坞，相传这里是东海八仙饮山泉尝紫芝之处。坞内有屋基一座，是明代高人结庐隐居的遗址。

倪翁洞又名初阳谷，位于鼎湖峰西练溪边的初阳山上。相传因老子学生，越国大夫范蠡的老师计倪，嫉俗遁世，隐居于此而得名。

洞中留有唐、宋、元、明、清、近代和现代文人摩崖石刻达60多处，是仙都风景区摩崖石刻最集中的地方，现已被列为国家级重点文物保护单位。其中倪翁洞中的"倪翁洞"三个篆字，是由时任缙云县令、著名小篆书法大家李阳冰所题。

倪翁洞景区内的独峰书院位于好山山麓，面临好溪，是宋代理学家朱熹讲学的纪念地。

1182年，晦庵朱熹持常平节上疏劾台守未报，巡历到缙云县，徜徉于仙都山，以候朝旨，有"于此藏修"之语。同时，他还作

《追和徐氏山居韵》七绝一首：

> 出岫孤云意自闲，不妨王事任连环。
> 解鞍盘礴忘归去，碧涧修筠似故山。

独峰书院，其建筑风格属晚清，核心部分为三间三进，有左右厢房20间，南北对称，由卷洞圆门和小门相连。其间花园、天井、围廊浑然一体。院内有椤木石楠、银杏、桂树、山茶、金钱松、芭蕉等名花名木。

倪翁洞向东过溪，绝壁陡峭，东西横亘长数千米，石壁下部呈赭红色，犹如焰火烧过，故称"小赤壁"。悬崖中有一天然栈道，长数百米，称"龙耕路"。沿着山腰的悬崖峭壁，横嵌着一条天然石廊，俗称"白蛇路"。

相传当年刘秀遇难，追兵将至，突然一条鳞光闪烁的蛟龙飞速从岩壁间穿过，开出路来使他脱险，故此处又称"龙耕岩"。

这里有虎迹岩、八仙亭、"晨炊玉甑"和仙榜岩等景观，前面还有许多嶙峋的怪石散落在练溪水中，形成溪中有岛，岛中有水，似岛非岛，似湖非湖的小蓬莱。

仙都胜景"姑妇岩"，也叫"婆媳岩"。姑岩略低，面朝北，酷像佝偻僵坐的老婆婆。妇岩与姑岩对峙，像有身躯而无头首的年轻媳妇，似穿连裙长服，亭亭玉立。不论从哪个方向观看，其"婆媳"相对的情形都无不惟妙惟肖。

同时在姑妇岩隔水的山巅又可看到另外两块岩石相偎挺立的仙释岩，俗称"舅轿岩"。

初阳山也称旭山，顾名思义，它因早上阳光最早可照到而得名。它在好山之前，青塘之东。山上有一亭，名"初阳"。亭上有联：

七娇登碧岭披云对镜施粉黛；
王老浴初阳海水忘旭醉蓬莱。

山中有初阳谷、斗山洞天，山下有君子石、青莲石、半壁池、曲泉、洄濑桥、雪霞岭、问渔亭、独角亭、三角亭等。

朱潭山位于仙都景区，主要景点有仙堤、晦翁阁、九龙壁和超然亭等。仙堤两边杨柳婆娑，用卵石铺成的长堤既浪漫又多情。

仙堤上有座四角攒尖的望峰亭和旁边的水榭，既点缀了风景，又是摄影的最佳取景点。从这里看，岸上的鼎湖峰伟岸挺立，水中的鼎湖峰婀娜多姿，随波摆动。

当夕阳的余晖洒上一片金色，岸上与溪中的鼎湖峰都更加美丽动人，宛如天上的琼楼玉宇。

晦翁阁是一处在岩洞内的人工修建而成的半边亭阁。亭阁是木结构制造的，两亭角飞翘于洞窟之外。

洞窟名晦翁洞，后山即为晦翁岩。山脚好溪溪阔水深，人称"朱潭"，相传宋代理学大家朱熹曾憩于此，这里的景点均以朱熹的姓与号来命名的。

晦翁岩高达几十米，南北延伸数百米，悬崖碧潭，古洞幽趣，古树遮天，是仙都又一寻幽探胜的好去处。晦翁岩后山岙，环境清幽，多连理树，是理想的恋爱定情之地。

在水边有一端奇特的岩壁，人们称"九龙壁"。这是一条带状的层状节理地质构造。整条节理带整体与溪水面几近平行。节理带中洞窟高低、深浅不一。因节理带处于悬崖的峭壁间，凝灰岩层状分明，起伏弯曲，横生凹凸，如无数条虬龙盘石潜伏，故称九龙壁，又名龙崖。

溪边有一座四角单檐攒尖顶亭，叫超然亭，意思是超然物外，心游闲云。它是远眺马鞍山日出的观景亭，木质结构，红柱青瓦。该处东可远眺马鞍山日出，北可近观天师洞，南可望鼎湖峰雄姿。游人若要领略朱潭山的魅力，应在此处坐下来慢慢感受，体验它天然的宁静、清新与质朴。

步虚山是鼎湖峰的后山，它东西走向，东接高天坪，西为石笋漏，南为下官坑，北俯板堰。

它的西头原与鼎湖峰为一体，形成于白垩纪晚期，后经流水的冲刷和寒暑风化，才慢慢地自然崩塌分离，形成许许多多尖柱状的石柱。

元《仙都志》记载："步虚山，在仙都山前，正与玉虚宫相对，叠嶂倚空，群峰掩映，古老云黄帝尝炼丹之所。"

北宋铁面御史衢州赵忭有诗云：

妙峰高处即仙居，多为朝真作步虚。
却是清风明月夜，一声倾听属樵夫。

在步虚亭下悬崖陡壁间，有一个神奇的地方，它远眺如蚁巢，近看如蛋窝，有的直径不逾一寸，有的足有两三尺，个个坚硬似铁，油黑发亮，其重异常。

这大大小小石蛋之间，组成了许许多多形态各异的洞壑。由于地处高踞云空的峭壁之上，并且无藤蔓可攀，这里是蝙蝠栖生的地方，故称蝙蝠洞。人们以为这就是登天入仙之处，故也称之为"凌虚洞"。

小知识大视野

相传在唐天宝年间有许多缤纷的彩云回旋于此山，山谷乐声震天，山林增辉。当时有刺史苗奉倩将此事上报给玄宗。

唐玄宗听后惊叹地说："这是仙人荟萃之都也！"并亲自写下"仙都"两字。仙都盛名由此传至今天。

仙都景色美在天然，这里奇峰异石，千姿百态，有桂林山水之秀，又有雁荡奇峰怪石之神韵。

避暑胜地——庐山

庐山，位于江西省九江市庐山区内，九江县以南，星子县以西，是世界级名山。庐山地处江西省北部，东偎婺源鄱阳湖，南靠南昌滕王阁，西邻京九大通脉，北枕滔滔长江，耸峙于长江中下游平原与鄱阳湖畔。

庐山多峭壁悬崖，瀑布飞泻，云雾缭绕。其山体呈椭圆形，犹如九叠屏风，屏蔽着江西的北大门。庐山以雄、奇、险、秀闻名于世，素有"匡庐奇秀甲天下"之美誉，与鸡公山、北戴河、莫干山并称"四大避暑胜地"。

巍峨挺拔的青峰秀峦、喷雪鸣雷的银泉飞瀑、瞬息万变的云海奇观、俊奇巧秀的园林建筑，一展庐山的无穷魅力。在这里，大江、大湖、大山浑然一体，雄奇险秀，刚柔并济，形成了江西罕见的壮丽景观。

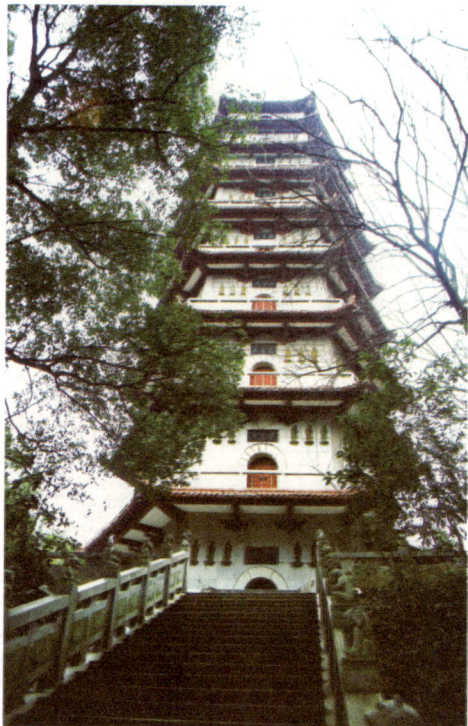

庐山是一座地垒式断块山，外险内秀。具有河流、湖泊、坡地、山峰等多种地貌。庐山奇特瑰丽的山水景观具有极高的科学价值和观赏价值。

庐山虽地处我国亚热带东部季风区域，但山高谷深，具有鲜明的山地气候特征。夏季凉爽，云海弥漫，良好的气候和优美的自然环境，使庐山成为世界著名的避暑胜地。

庐山的主要景点有牯岭、汉阳峰、锦绣谷、仙人洞、秀峰、大天池、五老峰、庐山瀑布和庐山云雾等。

牯岭是庐山的中心，三面环山，一面临谷，是一座桃源仙境般的山城。牯岭原名牯牛岭，因其岭形如一头牯牛而得名。

这座钟灵毓秀的山城，以牯牛岭为界分为东西两谷。这里地势平坦，峰峦葱茏，溪流潺潺，青松、丹枫遮天蔽日。

这里有近千幢别墅依山就势而筑，高低错落，潇洒雅致，点缀在万绿丛中，与周围环境十分和谐，为国内少有的高山建筑景观。

汉阳峰是庐山第一高峰。据说，在月明风清之夜，站在峰巅上，可观汉阳灯火，故名汉阳峰。

汉阳峰峰巅上，有一方形石台，名为禹王台，为大禹治水登临处。每当晴天一碧，万里无云，登此台眺望，江汉倒悬，大有"一览众山小"之慨。

汉阳峰南为紫霄峰，东北有小汉阳峰。西北乃一峡谷，系张性断层，是庐山较大的山谷之一，名"康王谷"。相传晋著名诗人陶渊明的千古佳作《桃花源记》中的"桃花源"就是以此谷为原型。

谷的末端有一飞瀑，史载"谷帘泉"，传说诸葛亮见此瀑时，大为惊叹。

锦绣谷是自天桥至仙人洞一段秀丽的山谷。相传为晋代东方名僧慧远采撷花卉、草药处。这儿四季花开，犹如锦绣，故名锦秀谷。

北宋文学家王安石有诗写道：

还家一笑即芳晨，好与名山做主人。
邂逅五湖乘兴往，相邀锦绣谷中春。

仙人洞为庐山著名的景点之一，位于锦绣谷的南端，有参差如手的"佛手岩"。在佛手岩的覆盖下，一洞中开为仙人洞。洞高、深各约10米，幽深处有清泉下滴，称"一滴泉"。

洞中央的"纯阳殿"内置有吕洞宾石像，传说八仙中的剑仙在此修道成仙。每当云雾缭绕之时，此洞更是骤添几分仙气。至清朝，佛手岩成道家的洞天福地，改称为仙人洞。

毛泽东的著名诗句"天生一个仙人洞，无限风光在险峰"，使仙人洞景点名扬四海。

秀峰是香炉峰、双剑峰、文殊峰、鹤鸣峰、狮子峰、龟背峰、姊妹峰等诸峰的总称。

鹤鸣峰下，原坐落着被称为"庐山五大丛林"之一的秀峰寺。秀峰寺原名开先寺，后因康熙皇帝手书"秀峰寺"从此改名为秀峰寺。

大天池位于庐山西部的天池山顶，南望九奇峰，下俯石门涧，东瞻佛手岩，西眺白云峰，二水萦回，四山豁朗。此处原建有天池寺，现已荒废。但原寺前呈长方形的水池，仍碧水悠悠，光灵如玉。

昔日的天池寺，其寺西有一半月形的拜月台，因供奉文殊菩萨而得名"文殊台"。现存之台为石木水泥混合结构，石室五楹，上有平台。

登台眺望，山峦突起，群峰相连，远波明来，极富野趣。尤其是月色朦胧之夜，闲坐台上，眼前深谷中经常会出现点点如同灯光般的亮点， 由少渐多，时大时小，时聚时多，时隐时现，闪闪烁烁，人称"佛灯"。

明代著名理学家王阳明就曾于一个月暗星稀的夜晚，卧此台上，看到了这样的奇异景象，并以诗记之：

老夫高卧文殊台，拄杖夜撞青天开。

撒落星辰满平野，山僧尽道佛灯来。

天池山脊上耸立着一座宝塔，塔四周布满了漫山遍野的青松。微风起时，松涛起伏，它颇似一杆乘风破浪的船桅，荡漾在翠波碧浪之上。

塔为一阁式石塔，五层六面，建于宋建炎年间。塔西有一石质方台，名天心台，为林森所建。台下有硕大卧石，平滑如镜，上镌"照江崖"字样。

五老峰地处庐山东南，因山的绝顶被垭口所断，分成并列的5座山峰，仰望俨若席地而坐的五位老翁，故人们便把这原出一山的五座山峰统称为"五老峰"。

庐山瀑布是主要由开先瀑布、三叠泉、碧龙潭、黄龙潭和乌龙潭瀑布等组成的庐山瀑布群，被誉为我国最秀丽的十大瀑布之一。

开先瀑布位于山南地区，是庐山最有名的瀑布。因这里原先有开先古寺而得名。瀑分两股，东瀑在双剑峰和文殊峰之间奔流而下。由于崖口狭窄，瀑水散成数绺，形如马尾，故称马尾瀑。

西瀑从鹤鸣峰和香炉峰之间的高崖上下落，气势雄伟，名香炉瀑。两瀑会合于青玉峡，下注龙潭。

当年李白浏览至此，仰观巨瀑如从天而降，心神激荡，触景生情，写道：

日照香炉生紫烟，遥看瀑布挂前川，
飞流直下三千尺，疑是银河落九天。

诗篇传诵千古，使瀑布声名显著。

碧龙潭瀑布位于庐山牯岭的重岩幽林中，也即王家坡瀑布。

这个瀑布是在20世纪20年代初由一个砍柴的樵夫发现的，此后人们争相观赏，该瀑布也被视作山北绝胜。

三叠泉位于五老峰下部，飞瀑流经的峭壁有三级，溪水分三叠泉飞泻而下，落差共155米，极为壮观，撼人魂魄。三叠泉每叠各具特色。

一叠直垂，水从20多米的巅其背上一倾而下；二叠弯曲，直入潭中。站在第三叠抬头仰望，三叠泉抛珠溅玉，宛如白鹭千片，上下争飞；如万斛明珠，抖腾长空，九天飞洒。

碧龙潭的水来自梭子岗北麓，由于这里层岩叠石，水流一路逶迤环绕。在注入碧龙潭的上段，水流分成三层挂瀑，而每层分为两条似白练般的悬瀑，连起达数十米长，犹如双龙倚天，俯坠潭中。潭旁建有"观瀑亭"。在潭中还有一巨石横列，站在石上可东望鄱阳湖。

黄龙潭幽深、静谧，古木掩映的峡谷间，一道溪涧穿绕石垒而下，银色瀑布冲击成暗绿色的深潭。静坐潭边，听古道落叶，宿鸟鸣涧，自然升起远离尘世、超凡脱俗之感。大雨初过，隆隆不尽的闷雷回荡在密林之中。

乌龙潭原由三个大小不一的潭渊组成，古书中记载：

乌龙潭凡三潭，中、上两潭皆高数十百丈，下潭稍平夷。

至今，这里只见一潭。潭水分五股从巨石隙缝中飞扬而下，短而有力，像是一把银锻的竖琴，在日夜拨动着琴弦。

庐山云雾景观是庐山一大奇景。

由于庐山四面山岭耸立，南依鄱阳湖，北傍浩瀚的长江。大江大湖蒸腾着大量不竭的水汽，形成滔滔的云雾涌向庐山。水汽一旦碰上空气中的尘埃，就成了小水滴。

数不清的小水滴就形成了美丽神奇的庐山云雾。因此山中云气出没无常，诸峰忽隐忽现。这里瞬息间云海密布，弥漫山谷，咫尺之间不能辨物。

当峡谷中向上吹的风力比水滴往下降的重力大的时候，水滴就随风往上飘了。这种"雨自下而上"的奇特现象就出现了。

春夏之交，由于水汽多，季风变换，群峰经常云遮雾罩，烟霞弥漫。天气忽晴忽雨，变幻莫测，云雾也诡谲奇特，变化多端，整个庐山隐现在虚无缥缈之间。

小知识大视野

传说早在周威烈王的时候，有一位匡俗先生，他在庐山学道求仙的事迹，为朝廷所获悉。

于是，周天子屡次请他出山相助，匡俗也屡次回避，潜入深山之中。后来，匡俗其人无影无踪。有人说他成仙了。后来人们美化这件事把匡俗求仙的地方称为"神仙之庐"，并说庐山这一名称，就是这样出现的。

因为"成仙"的人姓匡，所以庐山又称匡山，或称为匡庐。到了宋朝，为了避宋太祖赵匡胤"匡"字的讳，而将之改称为庐山。

山明水秀——罗浮山

　　罗浮山位于广东省惠州博罗县长宁镇境内，又名东樵山，我国十大道教名山之一，为道教十大洞天之第七洞天，七十二福地之第三十四福地，以药市而闻名于世。

　　汉朝史学家司马迁曾把罗浮山比作为"粤岳"。罗浮山是国家重点风景名胜区。拥有九观、十八寺、三十二庵。罗浮山横跨博罗县、龙门县、增城市三地，和位于佛山市境内的西樵山是姐妹山。

　　罗浮山的主峰是飞云顶，其山势雄浑，风光秀丽，四季气候宜人，是我国的"国家重点风景名胜区"和避暑胜地，被誉为

"岭南第一山"。

北宋苏东坡曾在这里写下了名句：

罗浮山下四时春，卢橘杨梅次第新。
日啖荔枝三百颗，不辞长作岭南人。

从而使罗浮山闻名于世。

奇峰怪石、飞瀑名泉和洞天奇景构成了罗浮山的景色特点。罗浮山山峰众多，较有名的有飞云峰、铁桥峰、玉女峰、骆驼峰和上界峰等。其中飞云峰是主峰，因为高耸入云而得名。

罗浮山有多处飞瀑名泉，著名的有白漓瀑布、白水门瀑布、黄龙洞瀑布、白莲湖、芙蓉池、长生井，还有北宋文人苏东坡所推崇的卓锡泉等。

罗浮山有朱明、蓬莱、桃源、蝴蝶、夜乐等大洞天，有通天、罗汉、伏虎和滴水等小洞天，其中朱明洞是山上最大的洞穴。

罗浮山刚好处在北回归线上，属亚热带季风气候，雨量充足，植物茂密，呈垂直分布变化明显。山顶是低矮的灌木林和草甸，山腰是灌木林和松木林，山底是常绿阔叶林。

据地质学家考证，罗浮山形成于8000万年以前。当时，这一带地壳发生断层，花岗岩体受到挤压而隆起，后来这里经过长年的风雨侵蚀，形成了现在奇峰林立的罗浮山。

罗浮"三观"指登上飞云绝顶眺望三种壮丽的景色，即日观、云观和海观。

日观，要在五更时才能见到精彩。罗浮与泰山一样面临大海，日从海上喷薄而出，先是红红弧光，接着金轮涌现，然后，万道霞光冲破云霭，格外璀璨。

云观，是傍晚夕阳西下时才会出现。其实，红云一片，如血如虹，太阳日渐渐消沉，云霞透出金光，出现织绣云锦，亮丽至极。罗浮山无论天气阴、晴都有各种各样的飞云，常出现的有莲花云、墨云、彤云、流云、象形云，真是五色纷呈美不胜收。

海观，则要待雨过天晴时才够壮美。每逢大雨过后，必定风起云涌，白云聚集在山间，露尖的峰顶如大海中的小岛，远望云海茫茫，翻腾不息，好不气派。

罗浮山开发的景区有朱明洞天景区、白鹤洞景区、九天观景区、黄龙洞景区、华首台景区、酥醪洞景区和飞云顶景区等。

朱明洞景区是罗浮山重要景区之一，主要景点有罗浮山门、白莲池、会仙桥、冲虚古观、朱明洞天、葛洪丹灶、洗药池、东坡亭、桃源洞天、飞来石、遗履轩、仙人卧榻、旷心亭等。

朱明洞景区内建有众多的凉亭，著名的有朱明亭、梅花亭、驻云亭、双燕亭、马山亭、东坡亭、麻姑亭、梦觉亭、旷心亭九个亭子。其中有纪念性的，当属为水光山色起画龙点睛作用的风景亭。这些亭风格各异，构筑雅致，文化氛围相当浓重。

朱明洞洞门外右侧有一巨石，据《罗浮山志》记载，苏东坡曾在此获得六条铜鱼，一条铜龙的"朝斗坛"。这里是罗浮山吸引最多骚人墨客的地方。

从博罗长宁镇进入罗浮山，要先到罗浮山门，朱明洞景区也从这里起步。门额"罗浮山"为著名书法家秦咢生手书。进入山门后有一白莲池，池中有桥，桥有湖心亭。明朝祝枝山形容白莲池的莲花道："千万计，花过巨，叶大如盖，微风吹之，撼撼如玉石切磋之音。"宋朝周敦颐游罗浮山时，坐卧池上不忍离去。

朱明洞天是罗浮山十八洞天之首，是道教第七洞天、第三十四福地。洞天是道教的称谓，"朱明洞天"原意为"朱明耀真之天"。

朱明洞天由象山、狮山、梅花山和马山环抱。它前临溪涧，背倚青山，林木参天，环境幽雅，仿如世外桃源，是罗浮山风光的精华所在。

朱明洞天有呈拱形的洞门，坐北向南。门楣有楷书"朱明洞天"四字。洞内大洞套小洞，有桃源洞、蓬莱洞、蝴蝶洞、清霞洞、俩仪洞、泉源洞、梅花洞七个小洞天。

其洞内有冲虚观、朱明亭、东坡亭、旷心亭等古建筑，还有遗履轩、仙人卧榻、飞来石、蓬莱径、洗药池、炼丹灶、白莲池、会仙桥等名胜古迹。

白鹤洞景区在罗浮山东侧，因白鹤常栖于此地而得名。沿白鹤洞小溪，有五龙潭、水帘洞、八仙石、桃源洞、白花径、蝴蝶洞等古迹胜景。

九天观景区在朱明洞景区东面，地势平坦。景区内有九天观、梅花村、洗耳泉、石洞山房、逃暗记石刻、西华道院、钓鱼台等。

九天观位于冲虚观东，又名明福观。九天观建于南汉，宋时赐额。清乾隆年间修葺时改名为"九天观"，至今仍一直沿用此名。今存建筑有532平方米。

洗耳泉位于梅花村西的溪中，奇石纵横，一巨石上刻着"洗耳泉"三大字。明朝道姑罗素月诗"水疑天上来，声自云间起。耳根本无尘，对此何以洗"刻于石上。

石洞山房位于洗耳泉西侧山坡。山房石有两扁石相抵，叫石门，相传是邝仙骑牛入石处。山房因官历巡抚、尚书、总督三边的归善进士叶梦熊曾居此读书，又叫尚书房。

黄龙洞景区位于罗浮山的西南麓、玉女峰下，有景点黄龙观、涤尘桥、黄龙洞瀑布等。黄龙洞是罗浮山著名的十八洞天奇景之一。

黄龙洞原名为金砂洞。南汉主刘岩曾梦见神人指点说："罗浮之西，有两峰相叠，一水对流，可以为宫。"于是他派人寻访，果然找到此处并建造了天华宫。后来他又梦见黄龙起于宫中，故将之改名黄龙洞。

清代康熙年间，冲虚观道士张妙升到黄龙洞开创了崂山派的独立道场，并将之取名为黄龙观。

香港道教青松观长侯宝垣先生耗资巨额重建黄龙观。重建后的黄龙观雄伟壮观、金碧辉煌，成为华南一带道教全真龙门派占地和建筑面积最大、宗教文化氛围最浓的主要道观之一。

涤尘桥位于罗浮山黄龙观黄龙瀑布口的崖顶山谷，桥头石刻篆书"涤尘桥"。从冲虚观沿古径上黄龙洞口，须过"涤尘桥"。涤尘，是说人们若要入黄龙洞仙境，必须要先在溪流洗去凡尘，才能过桥。

华首台景区位于罗浮山的西南麓，有华首寺、飞云溅雪、朝元洞、接仙桥等景观。

华首寺也叫华首台，它位于罗浮山的西南面。华首寺建于唐开元年间，距今已有1200多年的历史。

据说当年因有500真人汇集此地而得名华首寺。明万历年间，罗浮山香火旺盛，有十八寺，而华首寺被列为"第一禅林"。

华首寺的主要佛教建筑有望海观音、天王殿、万佛塔、大雄宝殿和五百罗汉堂等。

华首寺不仅佛教历史悠久，而且自然景观和摩崖石刻也数不胜数，其中最有代表性的摩崖石刻是"岭南第一山"和"闻钟发省"。而最负盛名的自然景观是"飞云溅雪"瀑布和千年银链古树。

会仙桥是华首台景区的主要景点，它是一座单拱石桥，桥面为青麻石条砌成，柱头均雕有花纹，呈四方体。

　　相传苏东坡到罗浮山，酒后巧遇一村姑，于是他诗兴大起，吟道："寻幽探胜入罗浮，乘醉策杖觅归途。雨后山花香更美，村姑回眸胜仙姑。"

　　待苏东坡回头看时，却见天上突然下起倾盆大雨，溪水暴涨冲走了回去的木桥。苏东坡方知是遇到了仙姑，此后，人们把此桥叫作"会仙桥"。

　　酥醪洞景区位于罗山北、浮山南的深谷之中，形如釜底，又称"神仙古洞""山中蓬莱""世外桃源"。洞中名胜古迹有酥醪观、逍遥台、松荫亭、小蓬莱、白水门、拨云寺、忘机石、七娘潭、煮石处和凝碧潭等。

　　酥醪洞在罗山北面、浮山南面的深山幽谷之中，被称为"神仙古洞"和"洄栖灵之奥区、修养之福地"。而是洞中的佳境，后倚青山，前临荷沼，旁有两山，左台右亭十分壮观。

飞云顶景区大都是在海拔500多米的山上，其最高峰是罗浮山的顶峰。白天登上飞云顶，罗浮山美景尽收眼底。

洞天奇景是罗浮山最具道教文化特色的旅游景观。这里指的洞并非洞穴，而是由几座山峰和一些古树自然环抱而成的小天地，道教称之为洞或洞天。

洞中清静幽香，泉水淙淙，古木森森，鸟语花香，蝉鸣蝶舞，景色迷人。洞景最佳的有朱明、华首、白鹤、黄龙和酥醪等洞。

众多的道家洞天，是历代神仙道士修炼的"洞天福地"，也是文人墨客神往并为之倾情的地方。

白鹤观位于冲虚观西，创建于东晋，原是葛洪修道的东庵，因此地常栖息白鹤而改建为白鹤观。观前右侧喷泉水池有巨石，上刻"第七洞天"。

放生池位于白鹤观前，半月形。池内有隶体石刻"源泉"。《罗浮山志》记载："唐玄宗命天下州郡皆置放生池一所。"放生是释放鱼鸟等动物，以示有恩。后来善男信女遂将放生奉为善举。

洗药池成八角形状，相传是葛洪和妻子鲍姑当年洗制中草药的地方。葛洪在罗浮山修道炼丹，采药救世，广集验方，著作有《抱朴子·仙药》内外篇、《肘后备急方》等。

葛仙祠供奉着葛洪和鲍姑。葛洪，字稚川，号抱朴子，丹阳句容人。葛洪13岁丧父，生活贫寒，自幼好学，徒步到各处借阅书籍。他上山砍柴购买纸笔，夜间常以柴火照明，读书抄录。

葛洪知识渊博，撰写的著作很多，又善于辩论玄理，对玄理分析得非常精辟细致。葛洪居山积年，优游闲养，笔耕不辍，著述极丰。他继承并发展了早期道教的神仙理论，整理了当时流行的各种炼丹术，总结了自己在研制金丹过程中所积累的丰富经验，撰写而成《抱朴子·内篇》一书。该书既确定了我国的神仙理论体系，又丰富了道教的思想内容，从而使罗浮山逐渐成为岭南的道教名山。

葛洪的夫人鲍姑，是东晋南海太守鲍靓之女，精通针灸，善于以"越井冈艾"治疣瘤诸疾。据史料记载鲍姑得尸解之道，与葛洪一同登仙，葬于罗浮山石子冈。

梅花山位于罗浮山朱明洞景区大门的左侧，是罗浮山最大的赏梅之处。每年12月起，千棵梅树枝头绽开簇簇香雪白花，这些花傲寒盛放，与罗浮山这座神仙洞府和青山绿水相辉映，令人流连忘返，乐不思归。

小知识大视野

遗履轩位于飞来石上方，又称"双燕亭"。

据传，东晋时，冲虚观道士黄野人日随师葛洪左右，入夜却不知师去向。道士一早晨清扫山道，听见葛洪与其岳父鲍靓在高谈阔论。

他往前一看，见一对燕子飞出，声音消失。观察数日，情况都一样，他便约小道士伏在岩下观看，竟然发现鲍靓的一双靴子。后人在此建亭纪念。

绿色翡翠——西樵山

西樵山位于广东省佛山市南海区的西南部，地处广州、佛山、顺德、江门和高明之间。西樵山自然风光清幽秀丽，文化底蕴厚重，民俗风情古朴自然。

西樵山是一座古火山，是新石器时代珠江三角洲的主要采石场和石器制作场。这里山势蜿蜒、钟灵毓秀，奇石异洞散落其间，名胜古迹举目皆是，自古便有"南粤名山数二樵"之誉，被称为"珠江文明的灯塔"。

西樵山自然风光美轮美奂，山上72座峰，峰峰皆奇；42个洞，洞洞皆幽。更有湖、瀑、泉、洞、岩、壁、潭、台点缀其间，成为这座熄灭了亿万年的死火山的旷世佳作。

西樵山林深苔厚，郁郁葱葱，洞壁岩缝，储水丰富，古人赞之为"谁信匡庐千嶂瀑，移来一半在西樵"，今人称之是"绿色翡翠"和"固体水库"。

白云洞创建于明代，现名樵园，园之周围峭壁凌空，飞泉吐玉，亭台楼阁掩映于苍松翠柏之中。樵园后山有天湖、云路村、丹桂园等景点，东麓有石燕岩、冬茹石、响水岩等胜景。

白云洞位于山的西北麓，是西樵山三十六洞之一，被称为西樵山风景区的总汇。

白云洞景区融二十四景于一体，而其间古代建筑掩映，错落有致。白云古洞，峭壁天成；形似空中舞台的逍遥台也会让你流连忘返。每当夜幕降临的时候，白云洞景区又是一个迷人的世界，华灯璀璨的夜公园，更是为名山美景披装挂彩，锦上添花。

南海观音文化苑坐落于南海市西樵山大仙峰顶，由南海观音主体法相、圣境汇芳、福寿莲池和环海镜清组成，系西樵七十二峰之一，左右分别为双马峰和马鞍峰，背枕西樵最高峰大仙峰。

观音法相为坐姿，其顶有宝珠天冠，项有圆光，弯眉朱唇，眼似双星，目光微俯。观音法相披天衣，挂璎珞，带项饰，着罗裙，慈眉善目地稳坐在莲花台上，广视众生，显现安详凝重、救苦救难的慈悲法相。

观音法相莲花座外部镶嵌着上下三层的莲花瓣。法座内部是蔚为壮观的五层大厅，陈列着众多的观音文化艺术品及功德林等。莲花座四面环水，有四桥通达，寓意四方净土，八方德水，四边都是道家的仙境。

宝峰寺有着600多年的历史，为南粤四大名寺之一。自晋代佛教东传，在西樵山建寺弘法的高僧就很多，到了明代更是香火鼎盛。宝峰寺得到惠连法师兴教弘法，颇有名气。

　　该寺建于明朝，后重修。宝峰寺重建在西樵山石牌村蛇岗，寺之中轴线上建山门和大雄宝殿，两边分别建钟楼、鼓楼、观音殿、地藏殿、文殊殿、普贤殿，并建方丈楼和僧舍。

　　宝峰寺的第一殿是天王殿。一进殿，首先见到的一尊满面笑容、大肚的菩萨弥勒佛，也称"笑佛"。弥勒佛背后，身披铠甲，手持金刚杵，威风凛凛的就是韦驮菩萨，又称"韦驮天"。

　　两旁还有四尊大佛像，称为"护世四天王"，即我们平时所说的"四大金刚"，它们代表着风调雨顺的意思。

　　宝峰寺的大雄宝殿为主要大殿，供奉着三宝佛，分别为释迦牟尼佛、药师佛和阿弥陀佛。释迦牟尼佛左边的是大迦叶尊者，而右边的是阿难陀。

在大雄宝殿的左右两旁有两座殿堂，左边的是普贤殿，里面供奉的是普贤菩萨，人称"大行菩萨"。右边文殊殿，里面供奉的是文殊菩萨，人称"大智菩萨"。在文殊殿后建有斋堂，里面有各式各样、美味可口的斋菜可供人们享用。

云泉仙馆原为玉楼书院，后被改建为道观。云泉仙馆依山借势而筑，画栋雕梁，清雅别致，宛若仙宫。

云泉仙馆为二进歇山顶建筑，主要有前殿、钟鼓台、祖堂、墨庄、帝亲殿和后殿厢房等。殿前置有两根石华表，一对石狮。

其两侧保护墙壁上饰有狮子、凤、鱼等浮雕和六骏图、百鸟朝凤壁画。殿门左右为钟鼓台，前殿有券顶迪廊，厢房，设中门，后有放生池，后殿为赞化宫，奉祀吕洞宾。

三湖书院是康有为"戊戌变法"的摇篮。西樵山书院盛于明、清两个朝代，共有六间书院。如今只剩下康有为曾读过书、最为出名的三湖书院。书院建于清乾隆年间，因为位居于应潮湖、鉴湖、会龙湖之间而得名。

"三湖书院"的门匾是民族英雄林则徐书写的。1878年冬，年仅21岁的康有为对国家的前途和命运深感迷茫、忧虑，遂离开岭南儒学大师朱次琦，来到三湖书院苦读。真是"秋风每赋感知己，记得樵山花又红"。康有为在这里遇上了人生知己，时任翰林院编修的张鼎华，才有机会走出三湖书院，发动了轰轰烈烈的"戊戌变法"。

字祖庙供奉的是中华文字的创造者仓颉。奎光楼供奉的是开文运点状元、我国古代文学二十八宿之一的魁星神。魁星一手捧斗，一手执笔，用笔点上谁的姓名，谁就会高中状元。

这两座文星楼均建于清乾隆丁酉年间，两楼建好后，学子每逢进京赶考、小孩入学启蒙都要来此参拜两名文星，举行开考和启蒙仪式。自此，西樵文运畅通、科举昌盛，举人、进士不断。

黄大仙圣境园，集道教文化、岭南建筑艺术和自然景观于一体，是信众祈福朝圣的道教圣地。

黄大仙为浙江金华人，生于328年，少时牧羊，后修炼得道而成仙，自号赤松子。他劝人积善，悬壶济世，授人药方，除病解困，深受人们爱戴。

天湖是西樵山西北面一个火山口湖，三面翠峰围抱，湖水澄碧。环湖公路非常整洁，湖旁花木楼阁点缀，景趣天成，是人们观龙、泛舟待月的好去处。

湖的北面，一座水月轩浮于水中，飞檐傍云，扁舟偎荡。东西两岸分别点饰着抱龙亭、龙珠亭、倚天亭、伴云亭、待月亭和鸳鸯阁等富有民族特色的建筑。湖的东面有九曲桥穿过，似玉龙卧波，又像安在绿盘上的一根琴弦。

石燕岩景区在西樵山东南部，其主体景观为古采石场留下的遗址。石燕岩是该景区的精华，也是古采石匠留下的杰作。

洞口扁圆如唇，内进宽广，可容千人。洞分内外两层：外洞高约数丈，洞壁凝珠含霞，虽六月而凉气袭人；内洞现已蓄水成湖，设有游艇专供游人探幽访奇。水洞中有巨石两块，一为"水上汽车"，一为"七彩牌坊"，造型惟妙惟肖，令人叹为观止。

九龙岩景区在西樵山的西南部。著名景点有四方竹园、宝峰胜处、春风亭、石竹园和紫姑庙等。其中四方竹园以遍植四方竹而闻名。宝峰胜处草坪广阔，绿草茵茵。九龙岩石壁曲突蟠屈，岩孔高低偃仰，人从外孔钻入，如螺旋前行，十分刺激，最后可从崖顶通天岩钻出。

四方竹是国家重点保护的珍贵观赏植物，它是西樵山特有的植物，如迁离本园，不出三年，竹身便会恢复成圆形。四方竹呈圆角正方形，握下去有明显的方形感，叶狭长，有明显的节。这种竹子比一般的竹子要细一点儿，矮一点儿。在竹园里面，还有许多竹子，比如罗汉竹、菩萨竹等。

西樵山桃花园是珠三角最大的观赏性桃花园，其面积400多亩，种有各种桃花4000余棵，品种上百种，有不少还是名贵的品种。在桃花盛开时，红的灿若红云，白的如雪晶莹，漫山红遍，景色优美。最为名贵的是一种叫清枝密伦的白桃花，园中只有10棵，该花晶莹透彻，冰清玉洁，花香袭人，妩媚妖娆，是名副其实的桃花仙子。

小知识大视野

西樵山历史上就有农历正月二十六观音开库的记载，开库民俗已经流传了上千年。传说有一年大旱，西樵山上百姓几乎颗粒无收。春节后，家家户户断粮停炊。正在百姓饥寒交迫之际，农历正月二十六，西樵山来了一位美丽的姑娘。她背着一个不大的米袋和钱袋，逐家逐户派米、派钱，救济百姓。

救济完百姓后，已经是黄昏时分，女子面带微笑，向山上的村民挥手告别。此时，女子变成一位法相庄严的菩萨合掌微笑。大家这时候才明白这名美丽女子是观世音菩萨化身，前来救苦救难的。

传说观音菩萨于每年农历正月二十六都会在西樵山大开金库。每逢观音开库日，四方百姓都会上西樵山参拜观世音菩萨，祈求新的一年风调雨顺，国泰民安，丰衣足食，财源广进。

左海小庐山——鼓山

　　鼓山位于福建省福州市东郊、闽江北岸，是福州市最著名的风景区。

　　鼓山山上胜迹众多，林壑幽美，引人入胜。鼓山景区以古刹涌泉寺为中心，东有回龙阁、灵源洞等景；西有洞壑数十景，其中以十八景尤著；南有罗汉台、香炉峰等；北有大顶峰、白云洞等。

　　这些景点主要是由花岗岩经长期的剥蚀、风化、崩塌、堆积而成。山上景点千姿百态，构成蟠桃林、刘海钓蟾、玉笋峰、八仙岩和喝水岩等自然景观。

　　登山古径是古时登鼓山之道。从山麓下院登上2000多级台阶，经过"七亭七里路"，就可到达涌泉寺山门。第一亭是"东际亭"，过廨院即是东际桥，桥上过亭就开始登山。再上99级石阶至"仰止亭"，此后途中岩石上有诸多字刻可观。第二亭是"石门亭"，由于此处溪水淙淙不绝于耳，故古名为"听涛观瀑亭"。

　　第三亭是"乘云亭"，沿道有石刻"乘云""仰涛""小鼓""天风吹梦""风怒涛飞"等。

　　第四亭叫"半山亭"，由第三亭至此，共有494级台阶，亭在半岭，故名。过此亭百余阶，有石刻"路通仙苑"，转小径可达"十八洞景"。"半山亭"后有石刻"桃岩洞口"，往东可到桃岩洞、桃花精舍。

　　第五亭是"茶亭"，因亭附近有茶园而得名。道边有石刻

"欲罢不能""宜勉力"等。据说清乾隆时福州知府李拨登山至此，气喘吁吁，往上走，力有不逮；往回走，心不甘愿。于是他便题字"欲罢不能"于亭旁大石上。

第六亭是"松关亭"，附近有石刻一笔"寿"、一笔"龙"、一笔"虎"，还有文天祥所书的"忠、孝、廉、节"等。

第七亭是"更衣亭"。过"松关亭"几十步即是。传说闽王当年上山入寺，便在此更衣。

登山至此，汗流浃背，而高处生寒，正需更衣、添衣。附近石刻有"毋息半途""眼底浮云""心路须平"等。

摩崖题刻是鼓山的一大特点，这里的题刻比比皆是，其中不少是历代名人的题刻。据统计，鼓山的摩崖题刻不下300余处，宋代的题刻就达100多处，这说明早在宋代，鼓山就是文人达官赏览胜景的所在。

现存题刻最早的是灵源洞东壁1046年蔡襄等人的题名，其文道："邵去华、苏才翁、郭世济、蔡君谟庆历丙孟秋八日游灵源洞。"

蔡君谟即蔡襄，时任福州知州。蔡襄是宋代四大书法家之一。在一处壁上刻有"忘归石"三个大字，笔力遒劲，这也是蔡襄所书。蔡襄的这些题刻，被认为是书法艺术的珍品。

南宋著名理学家朱熹也在鼓山留下了字迹，大顶峰磐石上的"天风海涛"四个大字即为朱熹所书。朱熹还写了一巨大"寿"字刻在喝水岩石壁上，它是福建摩崖石刻中少见的大字。

清朝道光年间诗人魏杰，根据这里的自然景物和民间传说，整理编写成《十八景》，刻于达摩洞外的一面岩壁上。它们分别是达摩面壁、南极升天、仙猿守峡、古鹤巢云、仙人巨迹、福寿全图、蟠桃满坞、玉笋成林、蚁蜓渡潮、渔灯普照、狮子戏球、金蟾出洞、伏虎驮经、神龙听法、铠甲卸岩、慈航架壑、八仙岩洞、千佛梵宫。

倚靠着木质栏杆极目远眺，华灯初上的榕城夜景尽收眼底，阵阵凉风吹来，令人仿佛置身仙境，这是鼓山十八景新建的观景台。观景台建在鼓山上，与姐妹楼毗邻，采用进口铁杉经防腐处理搭建而成，古色古香，结实美观。

涌泉寺山门东边，有一石砌拱门，上书"灵

源深处"。傍崖而下石阶，中裂一涧，有似石洞，故名"灵源洞"。因为"喝水岩"石刻，这一带又统称为"喝水岩"。

白云洞位于鼓山西北风池山西侧，因洞在海拔700多米处，常常是"白云混入、咫尺莫辨"，故称"白云洞"。

磨溪景区位于福州市鼓山东侧的快安村。原名龙溪，发源于鼓山，因水源丰富，清道光年间全盛时沿溪处处磨坊，故名"磨溪"。

溪水时而曲折迂回，时而直泻而下。"人在石上走，水在石下流"。溪中大大小小的岩石，被溪水冲刷得干干净净。不停的流水随着不同落差，发出各种响声，有琴声、锣声、鼓声等，龙潭深邃，水色透明，泉水从高处落下，响声更加清脆。

顺溪进山，两山对峙，东边山上高山寨和茶园像是世外人家。对岸溪中一岩石宛如一顶纱帽，其上长着一棵榕树，枝叶茂盛，叫"纱帽潭"。

磨溪东边另有一条小溪，泉水不断地从高山寨流下，经过重重叠叠的岩层，构成优美的画面。磨溪西侧，路旁有一组岩石构成的山洞，上刻"龙溪古迹"，洞口上方刻有"无为而成"。

横穿过磨溪，一条小路可上山坡，路旁一块岩石像青衣学士一样拱手溪边，岩石上刻着"南宫拜石"。溪旁还保留着一块磨盘石，这是从前放水轮车的地方。后来这里修起了拦水坝，成为一个小水库。

如今，磨溪已成为福建省最成熟的户外自然岩壁攀岩场，可以说，福州磨溪景区是全国为数不多的成熟的天然攀岩场所。

涌泉寺位于鼓山之上，仍保持着明清的建筑风格。寺依山偎谷，槛廊连缀，25座大小殿堂簇拥着大雄宝殿。

大雄宝殿巨柱耸立，飞檐凌空，雄伟辉煌。殿内释迦牟尼三世佛不着梵服，只披汉装，端坐其中；两旁十八罗汉神态各异，"法相庄严"。在大殿后侧，有尊"三圣像"，像前有一张桑丝木制成的长桌，据说历经多次火劫，至今仍完好如初，被称为镇寺之宝。

涌泉寺曾为我国寺院的一所重要的经书出版机构，现在仍保留有明末清初及近代的各种雕版20 000多块。寺内的藏经殿，存有古版印刷的各类佛经、手抄经书及用血书写的《大乘般若波罗蜜多》经。

藏经殿正中有一座释迦如来灵牙舍利宝塔，塔中仅存三颗舍利子与佛牙。在塔的背后安放着一尊缅甸送来的汉白玉卧佛像，佛身匀称，体态安详，作睡卧状，据说这就是释迦牟尼圆寂时的形态。

放生池内放养着上百只乌龟和红鲤鱼，最大的龟有上千年龟龄了。放生池内还塑有一尊高大的滴水观音菩萨石雕像，观音手中的圣水瓶可流出圣水。

小知识大视野

传说很久以前，鼓山原叫"白云峰"。有一天，天空忽然乌云密布，云层中蹿出一条恶龙，闯进山上的灵源深洞，从此祸害不断发生。村上有一对平时练武的年轻夫妇，他们见恶龙出洞，为了保护乡亲，丈夫挥动日月宝刀，妻子擎起鸳鸯宝剑，朝着恶龙猛扑了过去。

就在这时，那位挥剑的妻子生下一个男孩。恶龙饿得慌，正要扑吃婴孩，突然天外传来喝声："休得作孽！"

恶龙抬头一看，见是南海观音，连忙逃进了灵源洞。

观音要赶着赴蟠桃会，无暇停留，只好抱着小孩匆匆走了。不觉23年过去了，小孩皈依佛门，法号神晏和尚，当了雪峰寺主持。

神晏来到白云峰时，这里到处是荒山秃岭。一阵风过，山上岩石咚咚作响，所以白云峰后来被人们称为"鼓山"。

蓬莱第一山——清源山

清源山位于福建省泉州北郊，是闽中戴云山余脉。这里峰峦起伏，岩石遍布，盎然成趣，多处胜景天成，为泉州四大名山之一。 清源山是泉州十八景之一，与泉州市山城相依，相互辉映，犹如名城泉州的一颗璀璨明珠，闪烁着耀眼的光芒。

清源洞，也称纯阳洞，是清源山风景名胜区的主要景点之一。 清源洞位于清源山顶峰，系清源山三十六岩洞之首，时人称之为"第一洞天"。清源洞始建于南宋绍兴年间，有观空楼、佛祖殿、裴仙祠等建筑。

相传南宋绍兴年间，有裴道人因追赶一条伤害生灵的巨蟒到此，见巨蟒遁入洞中，遂覆以石，坐化于洞口，使巨蟒不能复出为祸，故此洞又名"裴仙洞"。洞顶岩石，山藤攀挂，古色苍然。清源洞下方不远处，有明代抗倭名将俞大猷的题刻。清源洞的左峰，也称东岩。其旁是遵岩，因唐代僧人可遵居此而故名。可遵建有三塔，遗址尚存。

清源山属花岗岩地貌的山地丘陵，地势起伏、岩石突兀。其地质结构是通过多次构造运动和岩体侵入所形成的，岩体外部呈黑褐色，岩层节理不发达，土质以坡积物居多，土壤为温润型。这里冬暖夏凉，气候温暖湿润。

百丈坪也称遵岩、星台岩。位于清源洞东南。明嘉靖初，少年王慎中曾在此读书，后登进士，为"嘉靖八才子"之首。明万历间，泉州太守姜志礼书"百丈坪"三个大字，十分壮观。

百丈坪坦平宽广，临风远眺，近山远水，无限空阔。晋水、洛江汇注东海，如双龙入海，气势非凡，每每红日东升，霞光万丈，气象万千，令人心旷神怡，美不胜收。

老君造像被列为全国的重点保护文物，是我国道教石刻中独一无二的艺术瑰宝。老君造像原先有一座高大的道观围护，规模宏伟的真君殿、北斗殿等道教建筑颇为壮观，后来道观被焚毁，老君岩便露天屹立，与大自然混为一体。

老君造像是我国现存最大、雕技最绝、年代最久的道教石雕造像，因此文史界人士戏称之为"老子天下第一"倒也名副其实。生动逼真的造型，精美传神的韵味，夸张写意的线条，质朴淳厚的内涵，天人合一的意境，使这尊老君造像显得格外亲切可爱，充满令人心驰神往、百看不厌的魅力。

老君造像席地而坐，左手扶膝，右手凭几，双眼含笑，须眉皓然，真可谓"风过髯动，指能弹物"。

最令人喜爱的是，石刻老君的神态和蔼可亲，目光深邃而睿智，满脸笑容，豁达大度，平易近人，充满了一种温馨的人情味，一点也没有道貌岸然、威严凌厉的神仙架势，那襟怀坦荡，笑口常开的神情，让人感到可亲可近。

千手岩又名观音寺，它是因为供奉观音像而得名。千手岩处在清源山的左峰，寺宇红墙素瓦，显得格外清新。大殿正中靠后供奉的是宋代石雕佛教创始人释迦牟尼的坐像，石像工艺精湛，惟妙惟肖，是清源山宋代石雕艺术佳作之一。

石像前的千手观音塑像慈眉善眼，神态极佳。两旁壁上的十八罗汉画像，神态各异，有呼之欲出之感。千手岩寺中常年暮鼓晨钟，香火不绝。寺前苍松翠柏，峰石嶙峋，别有一番情趣。

弥陀岩是清源山的精华之一，这里有流泉飞瀑、古树名木和庙宇石刻等自然景观和人文景观。清澈的泉水从50米高的陡壁上泻落，在青石上飞珠溅玉，充满了诗情画意，把人间的凡尘俗念荡涤殆尽。在瀑布旁的一棵由古榕和重阳木合抱成一体，造型奇特的附生树，如情深意笃的"天侣"，故美其名曰"天侣呈瑞"。看着它们如此亲密无间，如胶似漆，令人既惊叹又不由得浮想联翩，不少的文人墨客说它是陈三五娘留在故乡土地上的化身。进入山门，闻得弥陀瀑布，空谷传声，只见飞瀑如练，从峭壁上凌空而下，卷起千堆雪，溅落万斛珠。

弥陀岩的仿木石构石室，建于元顺帝年间。室内的元代石雕阿弥陀佛立像，是就天然崖壁雕琢而成。该立像头结螺髻，足踏莲花，左手平胸，右手下垂，造型端庄大方，慈祥和善。

石室的上方，沿寻佛经拾级而上，在陡峭的石壁下，有清乾隆年间福建陆路提督马负书手书的"佛"字石刻，它被誉之为闽海第一佛；著名书画家黄胄所书的"拜观"两字摩崖石刻，更是熠熠生辉，蔚为壮观。

石室前左侧的崖壁旁，有一巨石耸立，古人镌有一啸台、云谷等石刻，人立其上，大有飘然欲仙之感。极目远眺，晋水逶迤，双塔凌空，古城新姿，尽收眼底。

石室的右下方大平台，是重建后的弥陀岩寺，寺中有大殿五观堂等，大殿为单檐歇山式建筑。殿内供奉着阿弥陀佛和观音、势至菩萨，均为脱胎饰金佛像。

三世佛并排结跏趺坐坐于仰覆莲花座上，主像高些，左右两像稍低。佛像保存完好，皆为吐蕃式样：佛发螺髻，上置宝严。面相上宽下窄，双耳垂肩，肩宽腰细，均着袒右肩袈，并以袈裟一角搭于左肩上。衣纹用凸雕线条表示，虽历经沧桑而线条依然明显。石像均有圆形头光及身光。

中尊为释迦像，又称现在佛，主司现在的世界。其造像作触地印之魔相，一手向下抚地，一手向上。

左尊称为药师佛，即过去佛，主管过去的世界。他也是一手向下，一手向上，只是左掌托钵。

右尊叫弥陀佛，是未来佛，作施定印之禅定相，即双手交叠置于腹部。险要的地势，精湛的技术和迥异的形状，无不让每一个参观者啧啧称奇。

南台岩则如"空中楼阁"，巨石高耸，视野旷远，左挹大海，右带金溪，晋水横波，古城在抱，紫帽凌霄峙其前，东西两塔拜其下，是"山海大观"意境区中一处妙夺天工的奇景。

1952年在清源山风景名胜区弥陀岩西侧兴建"弘一大师之塔"，塔内安放着大师的舍利子。石塔建筑材料取材于驰名的泉州白花岗岩，经过精雕细作，整座石塔具有闽南地方仿木石构的建筑特色，塔内顶部为蜘蛛结网的藻井仿木斗拱结构，层层叠起，以增大塔内的空间效果。

弘一大师舍利塔左侧摩崖上有中国佛教协会原会长赵朴初"千古江山留胜迹，一林风月伴高僧"的石刻。右侧为曾任新加坡佛教总会主席的广洽、广净法师舍利塔。

由于弘一大师在美术、金石、书法、音乐、佛学等方面具有高深的造诣，因此他与太虚、印光并称为近代三大高僧。他流传在泉州的墨宝甚多，舍利塔前的"悲欣交集"系其生前最后遗墨。

清源天湖既是蓄水工程，更是景观工程。大坝雄伟壮观，水面波光粼粼，湖畔山峰林木倒映湖中，蓝天白云，湖光山色，交相辉映。

瑞像岩是清源山风景名胜区"幽谷梵音"意境区内的主要景点之一。矗立在天柱峰上的瑞像岩石室，创建于宋元祐二年（1087年），初为木构，1483年间改为仿木石构建筑。

石室内的宋代石雕饰迦瑞像，以天然崖壁雕琢而成，做立状。佛像庄严大方，端庄慈祥，雕工精湛，是我国古代建筑和佛教石雕艺术的重要实物资料。

与天柱对峙的罗汉峰，怪石嶙峋，千姿百态，犹如一尊尊威武的罗汉，惟妙惟肖，栩栩如生，构成"五百罗汉"朝释迦的神奇景观。穿过石室左侧的崖洞，顿时豁然开阔，只见三块巨石恰似三条大蟒蛇，伸头出洞，故谓"三蟒出洞"。

古时在山崖的平台处，建有"望州亭"，可俯瞰古城胜景。崖壁上显眼的"忘归"石刻两字，道出了如此美妙的自然景观和人文景观，使人流连忘返。

灵山圣墓是我国现存最古老、最完好的伊斯兰教圣迹，在清源山风景名胜区灵山景区内。据明代何乔远《闽书》记载，唐武德年间(618～626年)，穆罕默德遣四贤徒来华，一贤传教于广州，二贤传教于扬州，三贤为沙仕谒，四贤传教于泉州，卒葬灵山。墓上刻伊斯兰教常用的"云月"图案或《古兰经》片段。墓前有一天然巨石，风吹欲动，手推能晃，故称"风动石"。明代泉州知府周道光于此题刻"碧玉毬"三个大字。

碧霄岩分为上、下碧霄。从入口处仰视，碧空如线，又称"小有天"，洞旁的岩壁上刻有"透碧霄"三字。由洞口顺梯而下，便进入下碧霄。

这里有元代藏传佛教"三世佛、碧霄岩"石雕造像，有"广钦老和尚塔院"，塔内安放着老和尚的舍利子。在塔院上方的摩崖上，雕刻有"广钦老和尚坐禅伏虎"浮雕，该浮雕更具神奇的色彩。

小知识大视野

神话传说中老君是天宫中的老顽童，他常常趁天庭无事时偷偷溜出去欣赏人间的风光。

一天，老君又偷偷溜到人间，来到泉州清源山观景。当他几乎完全被如诗如画的山景陶醉时，他看见一个大火球朝人们扑去。老君使出了绝招，猛打了一通，将火球打回原形逃之夭夭了。

他为了火精不再来骚扰人民，便舍身化成一尊神像，守镇在清源山脚下。清源山的人们十分感谢敬佩老君，便将这座神像称作老君岩。

奇秀甲东南——武夷山

武夷山风景区位于福建省武夷山市的南郊，武夷山脉北段的东南麓，是我国著名的游览胜地。武夷山是福建第一名山，属典型的丹霞地貌，素有"碧水丹山"之美誉。

武夷山地处中亚热带，境内群山重叠，海拔1800米以上的山峰多达30余座，形成了一道天然屏障，冬季可阻挡或削弱北方冷空气的入侵，具有降水量多，湿度大，雾日长，垂直变化显著等气候特点。

武夷山四季气温较均匀，温和湿润。夏季虽然气温偏高，却是万物生长最为茂盛、武夷山自然风光最具特色之时。

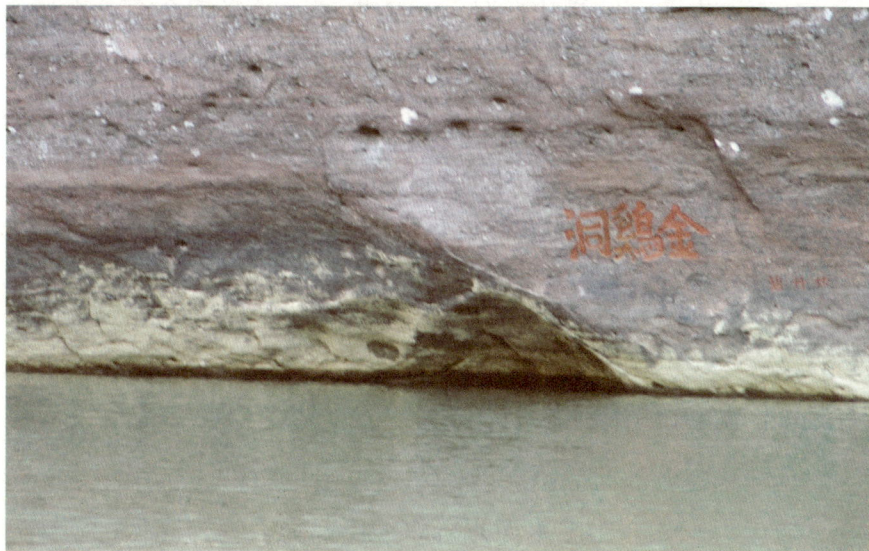

　　武夷山西部是全球生物多样性保护的关键地区，分布着世界同纬度带现存最完整、最典型、面积最大的中亚热带原生性森林生态系统。

　　东部山与水完美结合，人文与自然有机相融，以秀水、奇峰、幽谷、险壑等诸多美景，悠久的历史文化和众多的文物古迹而享有盛誉；中部是联系东西部并涵养九曲溪水源，保持良好生态环境的重要区域。

　　武夷山风景名胜区属典型的丹霞地貌，发育典型的丹霞单面山、块状山、柱状山临水而立，千姿百态。"三三秀水清如玉，六六奇峰翠插天"构成了奇幻百出的武夷山水之胜。

　　黄岗山属武夷山自然保护区的核心区。黄岗山主峰是我国东南最高峰，号称"华东大陆屋脊"。由于山势陡峭，群峰林立，该地区常年云雾缭绕，雨量充沛，气候温暖，形成了我国东南大陆面积最大、保存最完整的中亚热带森林生态系统。

九曲溪发源于武夷山森林茂密的西部，其水量充沛，水质清澈。九曲溪流经中部的生态保护区，蜿蜒于东部丹霞地貌，在峰峦岩壑间萦回环绕。九曲溪两岸是典型的单斜丹霞地貌，分布着众多的峰岩，所有峰岩顶斜、身陡、麓缓，昂首向东，如万马奔腾，气势雄伟，千姿百态。

优越的气候和生境，又为群峰披上了一层绿装。山麓峰巅、岩隙壑嶂都生长着翠绿的植被，造就了"石头上长树"的奇景，构成了罕见的自然山水景观。

曲折萦回的九曲溪贯穿于丹崖群峰之间，如玉带串珍珠，将峰、岩连为一体。山临水而立，水绕山而行，峰岩高低、河床宽窄、曲率大小、水流急缓等都达到了绝妙的程度，构成"一溪贯群山，两岩列仙岫"的独特美景。

这些遗存星罗棋布，如璀璨的宝石，镶嵌于武夷山的溪畔山涧、峰麓山巅、岩穴崖壁，将古人的智慧、先哲的思想、人民的

　　劳动融于自然山水之间，为武夷山增添了浓郁的文化气息，使之达到天人合一的境界，给人以浑然天成的和谐美感。这在我国的诸多景观中是极为罕见的。

　　水帘洞为武夷山著名的七十二洞之一，位于章堂涧之北。进入景点处，有一线小飞瀑自霞滨岩顶飞泻而下，称为小水帘洞，游人自此处拾级而上，即抵水帘洞。洞顶危岩斜覆，洞穴深藏于收敛的岩腰之内。

　　洞口斜向大敞，洞顶凉爽遮阳。两股飞泉倾泻自百余米的斜覆岩顶，宛若两条游龙喷射龙涎，飘洒于山间，又像两道珠帘，从长空垂向人间，故又称"珠帘洞"。

　　水帘洞掩映着题刻纵横的丹崖。其中有撷取朱熹七绝的名句"问渠哪得清如许，为有源头活水来"的篆体字，有明代景点题刻"水帘洞"以及楹联石刻"古今晴檐终日雨，春秋花月一联珠"，真是琳琅满目。

水帘洞不仅以风景取胜，又是武夷山道教圣地，古来道观多择此处构建，为山中著名的洞天仙府，又称"唐曜洞天"。洞室轩宇明亮，洞底岩叠数层，呈长条形，设有石桌石凳，供人休憩。

洞沿设石栏护卫，凭栏可尽赏洞外飘洒飞散的水帘。透过明亮的水晶珠幔，还可观赏山中盆景式的茶园胜景。

武夷山国家森林公园龙凤谷、翡翠谷、神秘谷三大峡谷并存。森林公园山奇、瀑美、水秀、林幽，集多种自然景观于一体。

龙凤谷是一个奇特的瀑布群景观。奔腾似黄河之水天上来的玉龙瀑布，雍容高洁、蹁跹优雅的孔雀瀑布，黄如缎锦、富贵奔放的黄龙瀑布，彤红热烈、执著豪迈的丹凤瀑布，其间夹杂着许多小瀑和跌水，身处其中，目光所及之处，都有它们的身影。水声或激越或柔和，总会在有意无意地叩击着你的心扉。

翡翠谷集中了森林公园的主要景色。翡翠溪绿如翡翠，溪中有莹绿深沉的翡翠潭、神奇罕见的鸳鸯瀑布、活灵活现的鳄鱼潭，水中都蓄满灵秀，晶莹剔透，翠绿诱人。

　　这里奇峰高耸，气势磅礴、红艳绵延的太阳山大赤壁，猕猴之乡的花果山，威严壮观、直插云霄的圣旨峰，葱郁挺拔的蟠龙山，真是山山相连，峰峰叠翠。

　　翡翠谷的森林原始而深幽，枯藤老树之间，洋溢着一片原始气息。当朝曦初露，霞光万道，在蟠龙山、圣旨峰、九重天观日出是一种最美的享受。云蒸霞蔚之中，山不转水转，云不转山转，如蓬莱仙境。

　　翡翠谷的象形石头也是一道独到的景观，龟背石、鳄鱼石、母子情深、猪首石、青蛙石等，把原始森林公园装扮成了一个天然的动物园。这里是五彩的世界，富贵的金银池，缤纷的五彩池，掩映在青山绿水之间，当秋天来临，漫山红遍，别有一番韵味。

　　神秘谷是森林公园最为幽深的峡谷。原始森林和无边竹海簇拥着神秘本色的大峡谷，两岸是大片的原始林和次生林，峡谷幽深，山重水复，十里山水画廊，是森林探险的好去处。

山色朦胧中，梦幻池泛着多彩的波光，如梦似幻，神秘率真；灵动的大小龙潭在大山之间舞动着青春的活力，阐释着生命的伟大。森林区内动植物资源丰富，其中有名贵的红豆杉、鹅掌楸、香果树等植物；有珍稀的白鹇、黄腹角雉、穿山甲等动物。神奇的原始森林使园内空气清新，是天然的氧吧。

武夷大峡谷拥有青龙大瀑布景区及大峡谷漂流两大项目。青龙大瀑布位于武夷山大峡谷公园西侧，瀑布周围森木茂密，水源十分丰富。深谷绝壁上，堪称"华东第一漂"的大峡谷漂流河床属桐木溪的一段，该溪为九曲溪的源头之一，是武夷山最清澈最纯净的水源。

天游峰位于九曲溪六曲溪北，景区中心。每当雨后乍晴或晨曦初露之时，登峰巅，望云海，四周景色犹如大海的波涛，变幻莫测，宛如置身于蓬莱仙境，遨游于天宫琼阁，故名"天游"。

天游峰有上、下之分，一览亭左方，是为上天游；沿胡麻涧一带，是为下天游。

上天游的一览亭，濒临悬崖，高踞万仞之巅，是一座绝好的武夷山水观赏台。从这里凭栏四望，云海茫茫，群峰悬浮，九曲蜿蜒，竹筏轻荡，武夷山水尽收眼底，令人心胸开阔，陶然忘归。下天游的南端建有天游观、仙凡客馆、妙高山庄等。天游观后的妙高台上，有一棵罕见的红豆树。蜿蜒南来的胡麻涧，在妙高台西面奔泻而下，飘逸潇洒，形成了著名的雪花泉景观。涧旁的石壁上，有历代摩崖石刻多处，真是琳琅满目，美不胜收。

小知识大视野

当年朱熹在隐屏峰下的武夷精舍讲学，著书立说。一天夜里在天游峰下的小亭子里面一人对月饮酒，这时出现一个妙龄女子与之对饮相伴。

日久天长，两人过起了恩爱的生活。其实妙龄女子名叫丽娘，是狐狸修炼千年的化身。后来有一对乌龟精，嫉妒丽娘的法力，于是就趁丽娘外出的时候，跟朱熹说出了实情。朱熹夜里假寐，后来看见丽娘的鼻前挂着一双晶莹剔透的玉箸，这才真正相信从而与丽娘争吵。

在外看热闹的老乌龟夫妇窃笑不已，朱熹闻声而至，乌龟急忙落荒而逃。朱熹愤然拿起桌上的毛笔，点将过去，于是就有了在九曲溪畔的"上下水龟"。而丽娘却跑了，朱熹非常后悔，在后面一直追着，可是已经无法挽回了。

海上明珠——万石山

鼓浪屿万石山风景名胜区主要包括海域、鼓浪屿、万石山和海滨风景区等部分，总面积245平方千米是海岛环抱、山岩奇特、沙滩广阔、城景相依所构成的具有亚热带风光的国家级海滨风景名胜区。

鼓浪屿位于厦门岛西南隅，隔着鹭江与厦门岛相望。鼓浪屿四面碧海环绕，岛上气候宜人，四季如春，鸟语花香，素有"海上花园"之称，又有"万国建筑博览""钢琴之岛""音乐之

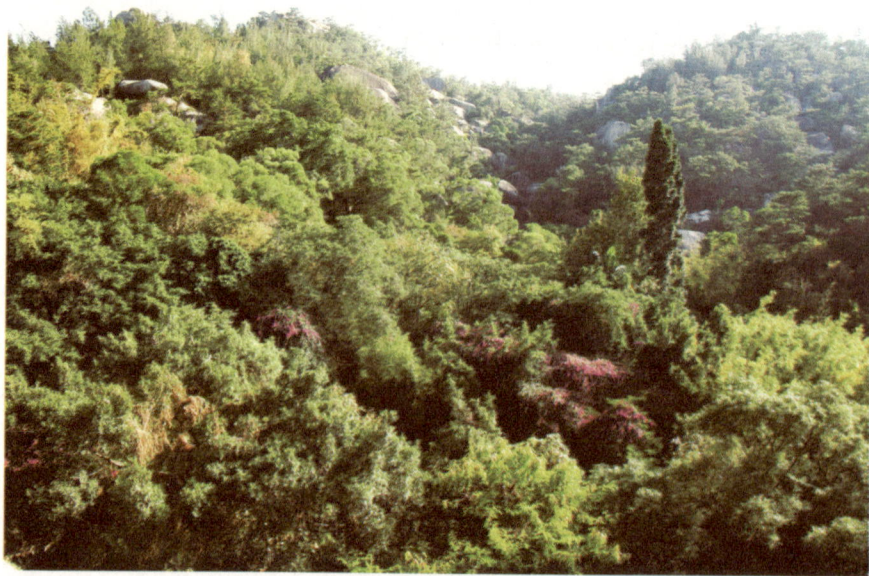

乡"的美誉，宛如一颗璀璨的"海上明珠"，镶嵌在厦门海湾的碧海绿波之中。

宋时鼓浪屿原名圆沙洲、圆洲仔，因岛西南有一海蚀岩洞受浪潮冲击，声如擂鼓，自明朝雅化为今名。

鼓浪屿周边海域为厦门港主要部分，紧临中华白海豚保护区、文昌鱼保护区、大屿岛白鹭保护区，与金门列岛隔海相望。登高远眺，鼓浪屿全景及周边美景尽收眼底。

厦门属亚热带海洋性季风气候，这里温暖湿润，光热条件优越，日照特别长，一年四季，花木繁茂。

日光岩俗称"岩仔山"，别名"晃岩"相传1641年，郑成功来到晃岩，看到这里的景色胜过日本的日光山，便把"晃"字拆开，称之为"日光岩"。

日光岩由日光岩和琴园两个部分组成。日光岩耸峙于鼓浪屿中部偏南，是由两块巨石一竖一横相倚而立，成为龙头山的顶峰，为鼓浪屿最高峰。

站在日光岩山门处，看到一块高40多米的巨岩，凌空而立，在那巨岩峭壁上，有"天风海涛"四个字横书，其下还有两行大

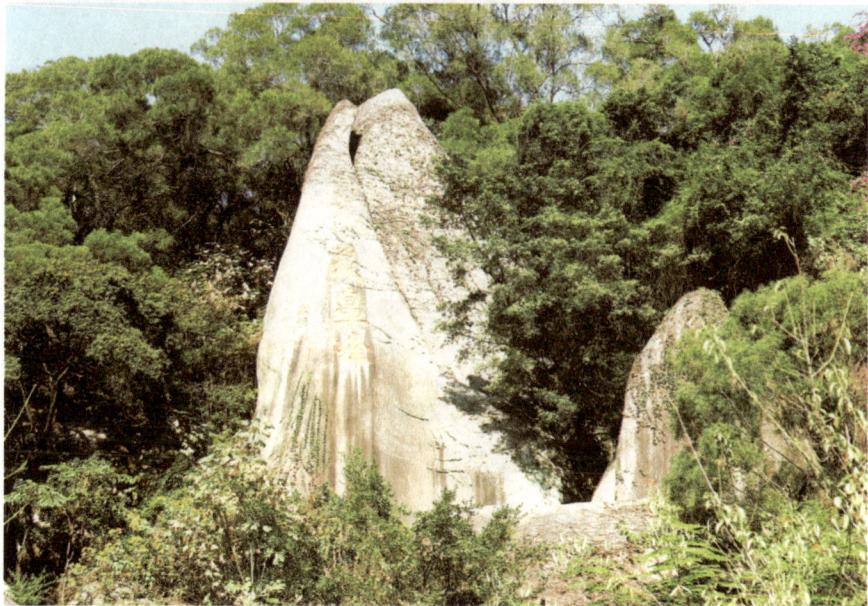

字题刻，右侧为"鼓浪洞天"，左侧为"鹭江第一"。

前者是1573年江苏丹阳人丁一中所书，这是日光岩最早的题刻；后者是清道光年间福建长乐人林针所写。两者靠近，字迹相当，林针署名特别大，游人常误为两者皆是林针所题，其实后者比前者晚刻200多年。

菽庄花园坐落在鼓浪屿港仔后，建于1913年，主人林尔嘉，又名叔臧，园名即以他的名字谐音而命名。甲午战争后，林维源及其子叔臧不愿当亡国奴，从台湾迁到鼓浪屿居住。其后，叔臧建了这座花园。

菽庄花园依海建园，海藏园中，傍山为洞，垒石补山，与远处的山光水色互为衬托，浑然一体。所造楼台亭榭不一其形，迦桥低栏，形若游龙。园内看海，波浪拍岸，倚栏远眺，极尽山海之致，复有岩洞之幽，鲜花满径，绿树成行。

菽庄花园以有限面积，造无限空间，以小见大，耐人寻味。庭院本来以静为主，但眼前波涛拍岸，浪花飞溅，形成静中有动，动中有静，动静对比，相得益彰的美景，真是珠联璧合，妙趣横生。

皓月园位于鼓浪屿东部的覆鼎岩海滨，占地30 000平方米，沿鹭江之滨铺开。这是以海滨沙滩、岩石、绿树、亭阁展布的庭园。

皓月园内有一座郑成功及其部将的巨型铜雕像。这座巨型铜雕，图幅宽广，颇为引人注目。园内更突出的是矗立在覆鼎岩上的郑成功巨型花岗岩雕像，十分威武。

古避暑洞是个很有特色的山洞，两旁石壁支起从天而降的花岗岩巨石，给人以泰山压顶之感，十分险峻。上面"古避暑洞"四个字是清末台湾文人施士洁题写的。

石洞明亮干燥、通风清爽。穿过古避暑洞，向左拐，有一座

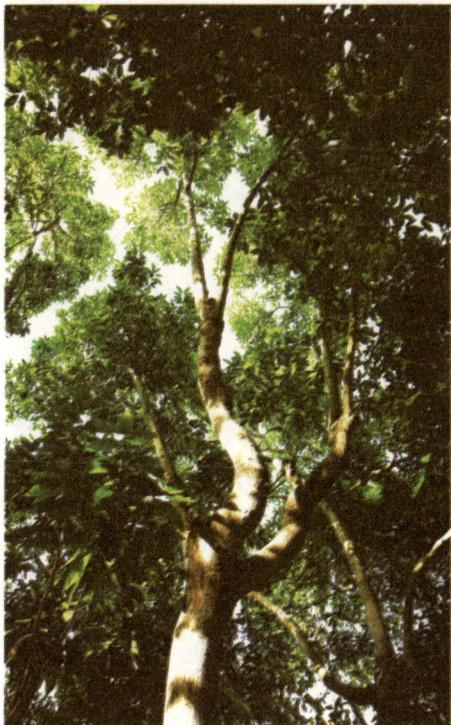

窈窕小亭，撑起细细腰骨，把岩石当作凉台，名叫"伞亭"，可供人遮阳避雨。

石洞旁边的岩石顶，有一个仙人洗脚的石盆，长年累月地盛着水，一旁还有仙人的脚印。其实，"仙人印""洗脚盆"都是海浪冲蚀而成的海蚀地貌。

龙头寨门是郑成功当年屯兵鼓浪屿的"龙头山寨"的寨门，岩石上的圆孔是士兵搭架帐篷开凿的。郑成功纪念馆是为纪念郑成功收复台湾300周年而创设的。郑成功纪念馆展出各种文物、资料、照片、模型等300余件。

伴着鼓浪屿的海浪声，40多台古钢琴静静地站在充满典雅气氛的陈列室中，让带着惊奇眼光的参观者，发出阵阵赞叹，这里就是鼓浪屿钢琴博物馆。

博物馆里陈列了爱国华侨胡友义收藏的40多架古钢琴，其中有稀世名贵的镏金钢琴，有世界最早的四角钢琴和最早最大的立式钢琴，有古老的手摇钢琴，有产自100年前的脚踏自动演奏钢琴和8个脚踏的古钢琴等。

百米高台为日光岩顶峰，加上圆台，号称"百米高台"。在这里淋浴天风，倾听海涛，眺望远处，水天一色，能令人忘却人世烦恼。从高台上看脚下的鼓浪屿，各种风格的建筑错落有致，好像从这钢琴之岛上弹奏出来的音符，凝固成一曲最浪漫的旋律。

从19世纪中叶起，伴随着基督教的传播，西方音乐开始涌进鼓浪屿，与鼓浪屿优雅的人居环境相融合，造就了鼓浪屿今日的音乐传统，培养出一大批杰出的音乐家。

三一堂的建筑独具一格，呈十字立体式的罕见造型，四面八方排水的黄瓦屋顶上，居中矗立着八角钟楼，顶尖的十字架高耸云天。红墙装饰着流畅的三角形线条，四面敞开的12道大门、16扇窗户极为宽大，具有通风、采光、疏散的实用特点。

海天堂构位于鼓浪屿福建路38号，"海天堂构"老别墅是中西方文化结合的典范之作。门楼是典型中国传统式样，重檐斗拱、飞檐翘角。前后两侧的楼宇，普遍采用古希腊柱式，窗饰大都为西洋风格，但墙面与转角又是中国雕饰。

万石山在厦门市区东部狮山北麓，紧依厦门市区，景区内山山相连，山水相依，峰峦起伏，景色奇秀，浓荫蔽天，幽静清雅。主要景点有万石岩、太平岩、醉仙岩、厦门园林植物园、和虎溪岩等。

万石岩在万石水库以南，举目皆石，大小重叠，有的危如累卵，有的稳如泰山，连绵延亘，象鼻峰则像一头大象朝天伸着长长的鼻子。古人石刻"万笏朝天""石浪排空"生动地描写出了万石岩的奇景。

太平岩在万石岩上方，林壑幽美。建于唐代的太平岩寺几度兴废，现存寺庙是仿照原样重建的，有正殿、偏殿。殿前的楼阁人称"蟾宫"，现为"茶人之家"，供人们品茗。

寺庙附近有四块岩石构成形态像开口欢笑的景观，上题"石笑"两字，还有古人诗刻。

醉仙岩在万石湖西南山上，与万石岩遥遥相对，因其山势如仙人醉倒，故名。岩顶巨石则像一只蹲着的骆驼，故称为"骆驼峰"。醉仙岩有醴泉洞、天界寺、黄亭、长啸洞、旷怡台等景点。

天界寺始建于清初，旧时寺中每天拂晓要敲钟108响，声浪远播，扣人心弦，人称"天界晓钟"，天界寺因此而得名。

　　长啸洞为临近绝顶的一个天然岩洞，站在洞口高声一呼，山鸣谷应，余音不绝。岩顶是旷怡台，在台上放眼四望，青山碧海，一览无余。

　　虎溪岩的景点命名借用庐山的"虎溪三笑"典故。东晋时，慧远和尚等人在庐山东林寺结白莲社，慧远每次送客都以不过溪为约，否则虎就吼叫，故名虎溪。

　　从"先露一芽"的石刻旁拾阶而上，满山岩石，大若虎踞，小如羊蹲，奇险天成，石壁上刻有"渐入佳境"四字。登上一块巨石之顶，就可以看到一条三米宽的石沟，这就是虎溪。溪上架着弓形石桥，即渡虎桥，又称"仙人桥"。

　　过桥可以看见巨石上刻着"三笑"两字，三笑石后为东林寺，它是明万历年间厦门诗人池显方所建。因其南面有玉屏山，又称玉屏寺。

寺右有夜月洞，又名伏虎洞，洞顶刻"啸云"两字，洞中泥塑老虎双目炯炯有神，虎溪岩因此成了当地人中秋赏月的最佳去处。

万石莲寺建于明末康熙年间，靖海侯施琅重建，大雄宝殿及禅室僧房与嵯峨巨石相映衬，清幽典雅。

万石植物公园是独具一格的公园和植物园的结合体，辟有棕榈、竹类、兰花、盆景、药用植物等20多个植物区、圃和展览室，栽培数以万计的热带、亚热带植物，因其富有科研成果而闻名海内外。

万石山中，有著名的厦门园林植物园，园内设有松杉园、棕榈岛、玫瑰园、引种驯化区、药用植物园、多肉植物区、兰花圃等20多个专类园和种植区。已经引进热带、亚热带园林植物3000多种，其中有被人们称为"活化石"的水杉、银杏和世界三大观赏树中国金钱松、日本金松、南洋杉及其他奇花异草。

小知识大视野

1661年4月，郑成功经过充分准备，率战船数百艘，官兵25 000人，从金门科罗湾出发，收复被荷兰侵占38年的台湾，并努力开发台湾。郑成功于1662年7月病逝于台湾，年仅39岁。

300多年来，闽台人民十分敬仰郑成功，尊称他为民族英雄。台湾人民尊他为"开台圣王"。

云中公园——鸡公山

鸡公山位于河南省信阳市境内，历史上与庐山、北戴河、莫干山并称为我国"四大避暑胜地"。

早在1400年前的北魏时期，郦道元的《水经注》就对鸡公山有文字记载，其后众多名人骚客、达官显贵、富商巨贾也来此山游玩，文人们留下了大量的赞美鸡公山的诗篇。

鸡公山雄踞于武胜关、平靖关和九里关三关之间，山脚下的武胜关是我国历史上的九大名关之一，它犹如一把石锁，将大别山和桐柏山锁扣成一体，形成江淮之间绵亘千里的天然屏障，其战略地位十分重要。

鸡公山有"青分豫楚、襟扼三江"之美誉，"佛光、云海、雾凇、雨凇霞光、异国花草、奇峰怪石、瀑布流泉"被称为八大自然景观。

鸡公山大地构造位于秦岭褶皱系东段桐柏山脉和大别山脉褶皱带，地质构造演化具有多旋回螺旋式不均衡发展的特点。其构造以断裂为主，褶皱为次。区内岩石主要为鸡公山混合花岗岩和灵山复式花岗岩基。

鸡公山保护区位于桐柏山以东，大别山最西端，主体山系基本上分布在河南、湖北两省省界上，呈近东西走向。

南主峰为报晓峰，又名鸡公头，北主峰为篱笆寨，西主峰为望父老，东主峰为光石山。

由于区内地质体形成的倾角较陡，地表径流侵蚀作用强烈，沟谷切割较深，山坡的坡度多在30度以上。其山脉泾渭分明，沟谷纵横密布，又因河流横向切蚀山体，从而形成了一系列的深谷、峡谷和横向山岭。

鸡公山保护区地处北亚热带的边缘，淮南大别山西端的浅山区。受东亚季风气候的影响，鸡公山具有北亚热带向暖温带过渡的季风气候和山地气候的特征。这里四季分明，光、热、水同期。春季气温变幅大，夏季炎热雨水多，秋高气爽温差小，冬季寒冷雨雪稀。

鸡公山主体山系是近东西向或北西向延伸，地形总体上南高北低。主体山系是长江与淮河两大流域的分水岭，山系以北的东双河、九渡河汇入师河，复入淮河；山系以南的环水、大悟河汇入汉水，复入长江。

鸡公山雨量充沛，泉源众多，水源丰富，俗有"山中一阵雨，林内百泉流"之说。

鸡公山保护区植被属亚热带常绿阔叶林区域的桐柏山、大别山山地和丘陵松栎林植被，具有北亚热带向暖温带过渡的性质。鸡公山的森林植被明显呈乔、灌、草三层结构。乔木层通常可分为两个亚层，建群种和共建种为栓皮栎、麻栎、马尾松、化香、枫香、黄檀、五角枫等。林下灌木层优势树种有山胡椒、盐肤木、白鹃梅、映山红、胡枝子、黄荆等。草本层优势种有求米草、大金鸡菊、羊胡子草、野苎麻、显子草等。

鸡公山地处大别山脉北坡，为亚热带向南温带的过渡地段。以亚热带植物成分为主，兼有暖温带的成分。植被地带性表现出典型的由北亚热带常绿阔叶林与落叶阔叶林地带向暖温带落叶阔叶林地带过渡的特征，是多种区系成分的交汇带。区内森林茂密，生物资源丰富。

鸡公山因其整个山势宛如一只昂首展翅、引颈啼鸣的雄鸡而得名。北魏郦道元的《水经注》称之为"鸡翅山"，距今已有1400余年。明朝鸡公山和鸡翅山并呼。清代易名鸡公山，沿称至今。

鸡公山地处亚热带向暖温带过渡的地带，雨量充沛，气候湿润。气候特点是冬长夏短，春秋相当。夏季气候凉爽宜人，三伏盛夏，午前如春，午后如秋，夜如初冬。鸡公山有"三伏炎热人欲死，清凉到此顿疑仙"之美誉。

鸡公山海拔并不高，但地理位置独特，两边峡谷深平，长年风生风息。鸡公山有高山气候，却无高山反应，特别适宜疗养避暑，对某些疾病如肺病、脚气病、心脏病、气管炎、高血压等都有特殊疗效。

鸡公山的奇峰怪石、泉溪瀑布、珍花异草、山村田园和风韵殊异的楼台亭榭等诸多景致构成优美的自然风景区。

鸡公山素以"山明水秀、泉清林翠、气候凉爽、风景幽奇、别有天地"而驰名。它海拔不高，但位置独特。鸡公山长年又被云雾所笼罩，被誉为"云中公园"。

鸡公山的奇峰怪石千姿百态，嶙峋耸峙，造化惊人：房在石上建，树在石旁生，草在石中长，花在石边开，泉在石下流，皆具怪、巧、奇、美的特点，与其他自然景观融为一体。

鸡公山四季景色，变幻动人，春夏秋冬，时移景异，神奇莫测；春天万木争荣，百花齐放，姹紫嫣红，蜂飞蝶舞，生机勃勃；夏天，满山葱茏碧绿，气候凉爽，云蒸雾绕，飘飘然犹如仙境；秋天，山岭沟壑，红叶片片，银杏蜡黄，金桂飘香，不是春光，胜似春光；冬天，银装素裹，冰凌高悬，蓝天白雪，千树万树梨花开，一片北国风光。

鸡公山东沟瀑布群是以水景为主体的风景长廊，全长约10 000米，姿色天成，野趣极浓。

鸡公山在全国山岳型风景区中是数一数二的。鸡公山是南北方的分界线，还是亚热带和暖温带的过渡地带，南北植物均可在这里安家落户。鸡公山有各类植物2000多种，其中仅中草药就占600多种也被称为"天然植物园"和"天然中草药园"。

当年李时珍千里迢迢来鸡公山采药，为《本草纲目》增添了丰富的内容。上世纪初，英美植物学家也曾在鸡公山研究培育植物，这里是生物工作者理想的科研和教学基地，是天然的绿色基因宝库。

鸡公山不但南北文化交融十分明显，而且更具有中西文化交融的内涵，山上先后建造起特色各异的洋楼别墅。这些多民族、多国别的建筑群落，分布在万绿丛中和秀峰之间，交相辉映，俨然是"万国建筑博览会"。在建筑款式上，有古罗马式、哥特式、合掌式、德国式和中西揉合式。这些建筑群落或方正端庄，或雄伟壮观，或幽雅和谐，或精巧舒展，千姿百态，风格殊异，似璀璨的明珠缀满山峦，富有天国的神秘幻觉，可谓建筑奇观。

小知识大视野

传说天庭里的司晨神鸡，专管天明报晓，但有只司晨神鸡，认死理，脾气倔，好管闲事。

玉皇大帝听说此事后，招来诸神商量怎么处置司晨神鸡。太上老君说："炼一颗特别的仙丹，交给司晨仙官，命他暗暗放在食物中，让多嘴的司晨鸡吃下去，剖开它的喉咙就发现了，保管叫它有口难言。"

司晨神鸡果然中计。玉皇大帝于是给他定了个罪名，打下凡间。司晨神鸡来到现在的鸡公山仍不屈服，从早到晚叫着要除害安良，被人们尊为鸡公。

清凉世界——大洪山

大洪山位于湖北省中部偏北，绵亘随州、荆门、钟祥、京山四市区。山势余脉延至宜城、枣阳地区，盘桓百里。大洪山山脉略成三角形。

大洪山山脉大部分位于湖北省荆门市境内，主峰大洪山宝珠峰位于湖北省随州市随县境内。大洪山宝珠峰气势雄峻，山体由辉绿岩和变质砂岩构成。唐朝时期，山顶建有庞大的寺院。山顶由三峰连为一体，东北有鼓楼峰，东南有钟楼峰，西北有舍身崖。三峰居中有一片浅凹地，这里有一泉曰"黄龙池"，是一基岩裂隙泉，水质清醇甘爽，终年不涸。

大洪山风景区分为随州风景区、京山风景区和钟祥风景区三个部分。景点性质分为地质、山石、植被、气象、瀑泉和人文等六大类。其基本特点是山青林密、水秀洞丽、自然朴实、奥幽野趣、清静凉爽，具有观光游览、避暑度假、垂钓游泳、健身疗养、赏雪写生、科学考察等多种功能。

大洪山一名始见于《水经注》《水经注》云："涢水出其阴，亦谓之涢山。"

大洪山为汉江及其支流涢水的分水岭。古生代初为古扬子海，后来几经海侵，至三叠纪始最后成陆，燕山运动褶皱成山，呈西北至东南走向。

大洪山岩层以古老沉积岩为主，北部多为前震旦纪千枚岩、石英片及志留纪页岩构成，南部多为寒武奥陶纪灰岩构成，最南端有志留纪页岩分布。因其长期受到侵蚀，地形破碎而低缓，除主峰在随县境外，大部分属中等切割的低山和丘陵。

地质历史时期大洪山地区曾发生过三次大规模火山爆发，大洪山火山地质遗迹和地质景观是南秦岭区与扬子板块地层、地质演化过程保留下来的重要资源，具有明显的区域性和独特性。

大洪山地处鄂中北，周围都是平原，从平原至山顶的垂直高度近1000米，这在湖北省独树一帜，可与泰山相媲美。

大洪山独特的地形地貌造就了其独特的气候条件，这里气候温和，冬暖夏凉，具有"一山分四季，十里不同天"的气候特点。由于空气中富含氧离子，大洪山被人们誉为天然"氧吧"。

大洪山风景区动物资源丰富，现有兽类、鸟类、两栖动物及蛇类若干种。

兽类主要有金钱豹、草豹、班鹿、豺、山猫、狸子、羚羊、野猪、狍子、獐子、松鼠、猪獾、豺狼、黄羊、狐狸等；两栖动物主要有娃娃鱼、金钱龟等；鸟类主要有红嘴相思鸟、红咀喜鹊、画眉、白鹭、八哥、绿头鸭、野鸡、啄木鸟等。

大洪山的树多为三楚大地土生土长的乡土树种，品种达300余种。在这些树木中，有落叶乔木、灌木，更有四季常青的松、柏、竹、茶、棕榈等常绿树种，而且常绿树种占了主调，因此大洪山可以四季常青。

大洪山的树，不仅品种众多、四季繁茂，而且多有珍贵的树种。被称为"活化石"的银杏树，在全国的遗存只有寥若晨星的少数群落，而随州的数千棵千年银杏树则主要集中在大洪山区。

在落湖有一棵树龄在千年之上的古老银杏树，树高30余米，树干周长七人围抱尚不可及。该树树冠盈亩，亭亭玉立，枝叶繁茂，被称为大洪山的树魂，还被誉为"中华银杏之王"。

在大洪山的怀抱中，除银杏外，还有更为珍稀的树种香果树。在植物学家的眼里，香果树是比银杏树更为古老的树种，更是植物的"活化石"，当然遗存也更少。据专家们透露，在我国，目前仅仅在大洪山和张家界等地尚能一睹香果树的"芳颜"。

在大洪山范围内的随州市随县长岗镇可以买到很多土特产，如野葛粉、野核桃、野蜂蜜等特色商品。

在果实成熟的季节还有野枣、野樱桃、野猕桃、三黄鸡、香菇、板栗和黑木耳等。

大洪山为佛教圣地，区内寺院星罗棋布，香客信士络绎不绝，晨钟暮鼓彼落此起，在湖北首屈一指，与位于湖北省西北的道教圣地武当山遥相抗衡。

洪山寺位于随县长岗镇绿水村境内。洪山寺分上下两院，上院位于宝珠峰顶，史称幽济寺、灵济寺、灵峰寺、楚天望刹，始建于唐宝历二年。下院位于山麓南面，史称保寿禅院、万寿禅院或万寿寺，建于北宋绍圣年间。

大洪山随州风景区包括随县长岗镇、洪山镇、三里岗镇和曾都区洛阳镇，其核心风景区的主要特点为峰俊、林幽、洞奇、湖美、泉醇。

湖北随州大洪山省级地质公园位于湖北省随州市西南边陲，是国家级大洪山风景名胜区的重要组成部分。

大洪山地质公园，属于造山带构造地貌型，是以钾镁煌斑岩、蛇绿岩与板块碰撞遗迹、火山岩遗迹及金伯利岩等为核心，以红岩石瀑、似丹霞地貌为特色，以两王洞、仙人洞和双门洞等为代表的大洪山溶洞群等喀斯特景观为骨干的地貌类型。

地质公园以琵琶湖、新阳温泉、剑口瀑

布和黄龙池等水体景观为灵魂，以编钟文化、神农文化、洪山寺宗教文化为载体，以及以洛阳古银杏群、大洪山森林公园为绿色背景的特色鲜明、集科学价值与美学价值于一体的综合性地质公园。

大洪山温泉位于湖北省随州市洪山镇。大洪山温泉、冷泉资源名声在外，富含多种有益人体健康的矿物质微量元素，不仅对皮肤病、心血管和消化道疾病具有良好的辅助疗效，而且对镇惊安神、清热祛痰、解毒生肌、通脉活血、皮肤疾患等也具有一定的医疗保健作用。大洪山温泉丰富的矿物质含量、温和的水质和充沛的储量，使它成为国内罕见型保健硫磺泉。

绿林山风景区位于大洪山南麓、京山县北部的绿林镇，是大洪山风景名胜区的核心景区之一。绿林山风景区由五大区域、十大景观和近百处景点构成。包括以千年古兵寨为主要代表的绿林寨景区，以西线原始森林为代表的古朴神秘的原始生态丛林景区，以众多的瀑布群为代表的水石文化交织的"美人谷景区"。还有以天然石编钟为神奇特色的空山洞景区，以鄂中久享盛名、柔情婉蜒的鸳鸯溪漂流景区等。

绿林风景区有2000多年的古烽火台、古城墙、古兵寨、古战场、古汉梯田，也有抗日战争旧址。其历史人文底蕴丰厚，自然风光秀丽无比，尤以绿林十八景蔚为胜观。

大洪山钟祥风景区位于钟祥城东北大洪山南麓的客店镇，是以自然景观为主体的风景名胜区。其核心景点是黄仙洞、娘娘寨、珍珠泉。黄仙洞位于客店镇赵泉河村，相传黄石公在此修炼过，故名黄仙洞。黄仙洞集世界溶洞之大全，有石灰岩地貌、钟乳石景观多处，尤其是这里的喀斯特地貌，为世界罕见。洞中有几十个大小支洞相连，洞中有洞，洞里有五个大厅，可容纳数万人。形成奇特的洞中山。

走进出黄仙洞出口，便进入四面绝壁合围的娘娘寨。娘娘寨现有保存完好的古民居村落一处，各类文物保护单位七处。娘娘寨四季气候宜人，被称为"最适宜人类生存的世外桃源"。

娘娘寨景区内古树参天，峰峦叠翠，溶洞群集，溪流纵横，深潭遍布。

漫山遍野的奇花异草，成片的古银杏群落，久负盛名的高山云雾茶，众多的佛道僧士，大量的骚人墨客的碑刻壁画和悠久的历史传说，这些使得黄仙洞娘娘寨景区形成了一个集自然生态和历史人文为一体的生态文化园区。

小知识大视野

元世祖忽必烈南征时驻军武昌，特请"佛足"随军，以鼓舞三军将士学习慈忍大师舍身忘我的精神，为消灭南宋王朝，建立大元王朝舍身忘我而战。

他做皇帝后，一次夜间梦见慈忍大师请求将双足送回故里。忽必烈立即派钦差大臣专程护送佛足回武昌洪山禅寺。

据说，南下途中，士兵们感觉佛足越抬越重。当他们行至河南许昌丈地堡时，佛足沉重无比，抬挪不动，于是钦差大臣派人飞报元世祖。元世祖下旨令其就地建寺供奉佛足，并将当地的地名也改为洪山。

险峻灵秀——九宫山

　　九宫山位于湖北省咸宁市通山县城东南，绵亘百里。九宫山因南朝晋安王兄弟九人建九宫殿于此山，遂以为名。此后，多朝皇帝封山赐匾，历代文人作赋题词，延至南宋名道士张道清赴九宫山开辟道场，香火远播，九宫山便成为全国五大道场之一。

　　九宫山雄奇险峻，景色迷人。春可赏花，夏能避暑，秋看红叶，冬览雪景，既有南国山峰的峻秀，又兼北国风光之壮美。九宫山夏天一日三季：午前如春，午后似秋，晚如初冬，素有"天下第一爽"之称。

　　九宫山具有我国最具特色的高山湖泊云中湖，有全国落差最大的大崖头瀑布，还有分布近千种名贵动植物、近百种珍稀濒危物种、拥有大面积原始森林和第四纪冰川遗迹的省级森林保护区九宫山森林公园。

　　主峰老鸦尖被称之为鄂南第一峰。这里四季景色各异：春天，林木滴翠，繁花以锦；炎夏，清风徐徐，凉爽宜人；秋季，红枫耀脑，山清水秀；深冬，银装玉树，似北国风韵。

　　云中湖景区是九宫山风景的精粹之地，位于凤凰岭上，湖面百多亩，蓄水量100多万立方米，最深处35米，是国内高度仅次于新疆天山天池和长白山天池的高山湖泊，也是我国高山湖泊中的佼佼者。

　　金鸡谷是一条森林幽谷，是一个风景幽雅的绿色世界，到处蝶舞蜂喧，莺歌燕舞，满目芳菲，也是九宫山风景的精华之地。

　　境内老鸦尖为鄂南第一峰，也是幕阜山脉的最高峰。周围有千米以上的高峰七八座，与之相连的有太阳山、药姑山等。这里群峰高耸，古木参天，是植物的王国，动物的世界。

　　无数溪泉潭瀑终年喷珠漱玉，无数的珍奇动物，漫山遍野的珍稀植物都在这个宝岛上生长，这里是中亚热带植物群落的典型代表。

　　石龙峡风景区，是九宫山风景区的重要组成部分，位于铜鼓包西侧的三峰山北麓。这是一条南北向的山谷，全景区以石阶、石径贯通，石阶石径以花岗石料石砌成。为跨越山溪，建有石拱桥七七座，铁索桥两座、跳石、栈道各一处。

　　景区中以崖、石、树、瀑、潭等组成的自然景观，明代的通山县礼部侍郎朱庭吏所筑的两崖行窝，和明末清初的懒拙和尚的野居处，皆在北山谷中，是很重要的人文景观。

　　"风车口"也叫"大风口"，位于铜鼓包之西。大风车口宽约2000米，小风车口宽约30米。由于东西两面断崖耸立，形成剪刀叉形状的谷口，大陆南北气流为高山所阻，交汇于此山峰岔口，因而一年四季，这里天天都是疾风呼啸。

　　风车口顶部为30米宽的山脊，北边下方是10多千米长的幽谷石垄沟，南坡下为石船，是神话传说中的水将军与逆龙大战之地，至今那里有一巨大的山峰如船形。那只逆龙要把江西造成海，湖广立成城，最后终被水将军降伏。

　　"雪海翠园"位于风车口旁边的山坡峰谷，这里到处都堆积着雪白的沙子，若有云雾弥漫，就像到了海滨。这片雪海里，长着许多低矮的青松，远望江西修水白沙山如同雪龙飞舞。白沙在碧翠的青松掩映下，显得更加雪白，青松在白沙的衬托下，显得更为翠绿。

　　"尼姑石"与和尚石正在风车口至古老庙的群龙吸水前方。这两块耸立在树林上的奇石，高约丈余，一上一下，状如人形，正向上奔跑，相距百余米。前者为尼姑石，它身子向前倾，如披衣御风，胖和尚在下紧追不舍，此景叫"和尚赶尼姑"。

更为奇妙的是，在古老庙与和尚石、尼姑石之间，还耸立着另一巨石该巨石高约七米，上大下小，形似火炬，像一尊清秀观音，在庙前严密地看守，不准动了凡心的和尚、尼姑回庙。这几块的造型真是巧夺天工，天然成趣。

还有一个神话故事，说从前云关半山有座和尚庙，一天，有个上山的尼姑路过云关和尚庙歇脚，不小心把帽子丢在庙里。和尚发现后急忙拿起帽子追赶送还，尼姑发现和尚追赶，怕他居心不良，这样你追我赶，恰被张道清发现。

他认为不成体统，有辱仙家风范，于是他略施小术，用定身法让尼姑和和尚都变成了两座小石峰。而位于公路上的另一个最大的岩石则叫"道士解劝"。

站在华英如盖的迎客松下，远远就可望到一对抱头盘膝的"姐妹松。""姊妹松"为两棵并立的松树。一松如姐，亭亭玉立，一松如妹，妩媚多姿。

清代诗人在《怪松坡》说道：

雪埋关下坡，寻常松子落。

缩颈话尧年，云杪双朵鹤。

怪松坡也叫狮子坪，为进入九宫的门户。这里满坡泉水如琴叮当弹唱，奇石遍布，状如龙飞虎跃，富有山野情趣。

明朝诗人孟养浩在《圣松坡》诗中叹惜："怪松坡上怪松无，虚忆当年五大夫"。如今，"老怪"归天，"新怪"出生，成为国内罕见的"怪松世家"。

怪松世代繁衍不息，也许是怪松坡下有一位神秘的怪松之母吧！

"古崖洞"人称"陶姚仙洞"，是九宫八景之一。它背靠笔架山，前临喷雪崖，洞外有突兀巨石。在清晨和傍晚时，片片飞云，时隐时现，阵阵迷雾，若即若离，鸟从头上过，云在脚底飘。有时，缕缕云烟直灌入古洞深处，萦绕不散。洞内有潺潺清泉，如将一枚硬币置于水中，硬币便在水面漂浮旋转。

"父子松"在含羞松旁边，有一对老少相依的"父子松"，约一抱之围，五丈多高。大的像一位慈爱亲和之父，小的像一个稚气未脱的顽皮的小伙，站在父松之下。

父松枝杆虬曲，树冠向子松弯倾，像一位被岁月压弯了腰背的慈父正在对自己的儿子诉说着什么，也许是在叮嘱儿子不要畏惧世间的风雨冰雪，教它懂得松的正直，要有松的骨气。300多年以来，它们就这样扶老携幼，老少相依为命，享受着家庭的天伦之乐。

"试剑石"也叫万山石，位于九宫山北麓狮子坪的云关古道上，面对狮拥云关，距云中湖2000米，原建有构斯亭。云关古道为朝山神道，梯级石阶，旁崖临阁。

其中有一座巨石耸立路旁，一边被削去10平方米。相传张道清上九宫山开辟道场，在此被巨石所阻，他挥剑劈开巨石，故名试剑石。

"云关隘路"在云关石刻之上，古为香客进山神路，因其傍崖临涧，常有云雾迷漫，故留下了"万壑风涛撼古松，白云未散碧云封"和"穿云几度达云关"的古诗句。隘路上端有"娘娘庙"遗址。庙前繁花点点，青林涌翠，云飘雾绕。

这条朝山古道沿途奇石耸峙，形成天然有趣的"虎头、石猴、雄狮、观音"等胜景。

古道小径穿云破雾，时隐时现，人行石径，如同在天空中腾云驾雾。时而云迷山峰，风吹山似飞，云动石如舞；时而繁花耀眼，恍如蓬莱仙岛。

"闯王陵"门楼为三门四柱，牌坊样式，为钢筋水泥浇灌，表面嵌满翡翠绿色大理石米。门前两侧伫立着两对明代的石狮、石象，门前横径石桥，正门镌刻宋体金字"闯王陵"。门楼前有广场，可供停车和游人聚集。广场左侧有一纪念碑，刻着介绍李自成的生平碑文。闯王陵背依九宫山老崖"虎山"，旁西流溪水，坐北朝南，主体建筑有门楼、墓冢、陈列馆。

整体建筑依山就势，气势宏伟。陈列馆内收藏有李自成鎏金马镫等许多珍贵文物和不同时代的史志文献。陵园附近有落印洞、拴马松等李自成殉难古迹。

墓冢位于门楼之上，陈列馆之下，它们都在同一条中轴线上。由门楼起步，登58级石阶，即李自成墓冢祭台，椭圆形的坟冢围着花岗石圈，这就是闯王的"宝顶"。

墓前立着一块"李自成之墓"的荷花绿大理石碑。前有拜台，两侧有看台、花坛，种有梅花、雪松、香樟等名贵植物。上有下马亭、激战坡，下有幽径石桥和纪念碑台。腊梅寒冬傲雪，雪松四季常青，玉兰树伫首凝思。椭圆形的墓冢长满了厚厚的绿草，吸取日月光华而四季常青吐翠，更与日月同辉。

"金鸡石"在仙人簸米对面的原始森林中的狭谷里，有一座近七八米高的小石峰，峰顶上有块七八米高的金黄色雄鸡引颈蹄鸣，两条湍急的溪水在金鸡岩下流淌。

这里也是座珍稀植物园，石峰上长满了奇花异木，峰下爬满名贵药材鸡血藤。

"一线天"位于铜鼓包左侧，是九宫山最为雄奇险峻之处，在铜鼓包和风车口这两座山崖之间，形成狭长的陡峭深谷，人在谷底仰望高空，唯见一线蓝天。人立其上，险象环生，深谷生云，峭石凌风，云浮风起，仿佛山在摇晃。

小知识大视野

在金鸡岩四周，有许多奇峰怪石，其中的石狐狸和石狼狗还有一个故事。

相传有一天金鸡下山，被狐狸发现，狐狸正要抓住金鸡时，一只狼狗又来追赶狐狸。结果这一情景被簸米的仙女发现，她手指一点，金鸡、狐狸和狼狗都变成了石峰于是就有了"狐狸镇金鸡""狼狗镇狐狸"的趣景，反正谁也没有吃掉谁，千百年来，它们就这样相互对峙着。

中原绝景——云台山

云台山位于河南省焦作市修武县境内，太行山南麓，豫晋省界交汇处。

云台山有红石峡、潭瀑峡、泉瀑峡、峰林峡、茱萸峰、猕猴谷、叠彩洞、万善寺、子房湖等景点，是一处以裂谷构造、水动力作用和地质地貌景观为主，以自然生态和人文景观为辅，以峰谷交错、绝壁林立与飞瀑流泉、清溪幽潭为特色，集美学价值与科学价值于一身的自然风景名胜区。

云台山以山称奇，以水叫绝，因峰冠雄，因峡显幽，景色荟萃各不同。春来山花烂漫，夏至飞瀑流泉，秋日红叶似火，冬季银装素裹，四季浓淡相宜。在这里你既可领略北国山川的雄浑，又可品味江南水乡的秀丽。

云台山山险水秀，气候凉爽宜人。景区属暖温带大陆性季风性气候。这里四季分明，春季干燥多风，夏季高温多雨，秋季凉爽，冬季干寒。山区地形复杂，气候随海拔与山势山形变化，差异明显。

这里泉源丰富、植被茂盛，原始次生林覆盖了整个山峦，各种树木和奇花异草种类达400多种。中药材蕴藏丰富，除人参、灵芝外，还有闻名国内外的四大怀药以及茱萸、连翘、天麻、当归等200多种。唐朝药王孙思邈曾在此采药炼丹，至今这一带山区还流传着他服仙丹升天的故事。

云台山在远古时代乃是一片汪洋，随着时光的流逝，地壳的变动，逐渐升起抬高形成平原。在10亿年前造山运动时期，这里的地貌景观发生了很大的变化。在燕山期，北部上升，形成高山；南部下降，形成平原。在喜马拉雅造山运动影响下，又使山区急剧上升，河流迅速下切，形成又深又陡的峡谷。

云台山内有群峡间列、峰谷交错、悬崖长墙、崖台梯叠的景观，它们是以构造作用为主，与自然侵蚀共同作用形成的特殊景观，是地貌类型中的新类型，既具有美学观赏价值，又具有典型性。

特殊的构造部位和地层岩性条件，使云台山内的水体和水动力作用极为发育，形成的瀑布、溪泉和河流钙华阶地、钙华瀑、钙华滩等代表了我国北方岩溶的特点，是一道美丽的风景线。尤其是新构造的遗迹，遍布园区各处，十分典型。

云台山景区内红石峡、云台天瀑、潭瀑峡、茱萸峰、峰林峡、青龙峡，还有历史上著名的"竹林七贤"隐居地百家岩等精品景点。

红石峡位于子房湖南，峡内夏日凉爽宜人，隆冬苔卉草翠，故称红石峡。它集泉瀑溪潭涧诸景于一谷，融雄险奇幽诸美于一体，被人们称赞为"自然界山水的精品"。

峡谷里分布着首龙潭、黑龙潭、青龙潭、黄龙潭、卧龙潭、眠龙潭、醒龙潭、子龙潭、游龙潭，构成"九龙溪"。此外，谷中还有幽瀑、穿石洞、相吻石、双狮汲水、孔雀开屏、棋盘石等景观。

谷口南端有一狭窄的峡谷称为"一线天"，而且有瀑高50余米的白龙瀑布。两侧高山耸立，恰似一个石阙，正好是云台山的西大门。

潭瀑峡地处云台山北部略偏西，是主要河流子房河的一个源头。沟东面，峭壁耸翠，基岩裸体；沟西面竞秀峰参差俏丽，峰群一字排列，峰峰直立，争奇斗异。

潭瀑峡是大自然的杰作，这里三步一泉，五步一瀑，十步一潭，呈现出千变万化的飞瀑、走泉、彩潭和山石景观，故得雅号"潭瀑川"。

在曲曲弯弯的沟槽内，潆洄着一条会唱歌、会跳舞的溪水，这条能歌善舞的溪水叫小龙溪。它的溪床，由一层层高低不一、形态各异的自然山石台阶所组成。小龙溪或碧波荡漾，或为溪布，或分水涓涓细流，或汇合成湍湍激流，或倾泻、跌落成为银光闪闪的瀑布，瀑下积水，成为彩潭。

泉瀑峡两岸高峰耸立，气势恢宏。沟里高处群山如画屏，山中花木如锦绣，脚下清溪如云流。奇石、山泉、花香、飞瀑组成了沟谷交响曲。沟的尽端是全国最高大的瀑布云台天瀑。远远望去，只见它上吻蓝天，下蹈石坪，犹如擎天玉柱。瀑布吼声震耳，仿佛地裂天崩，十分壮观。

峰林峡是以山水交融的翡翠湖为主体，融山的隽秀、水的神韵为一体，被誉为"人间天上一湖水，万千景象在其中"，更有"云台天池"的美誉。境内十里平湖宛若一条在峡谷中飘拂的玉带，湖区岛屿星罗棋布，湖周峰峦起伏，湖面波光涟漪。

茱萸峰俗名小北顶，又名覆釜山，因其形貌似一只倒扣的大锅而得名。峰顶有真武大帝庙、天桥、云梯。 登上峰顶，极目远眺，可见黄河如银带；俯视脚下，群峰形似海浪涌。山顶气候多变，倏忽间风起云生，白雾从山间咕嘟嘟地涌出，红日随即隐去。山峰在云雾中出没，云腾山浮，如临仙界。

峰腰有药王洞，相传是唐代药王孙思邈采药炼丹的地方。药王洞口有古红豆杉一棵，树干粗达三人合抱，枝繁叶茂。该树树龄在千年左右，是国内罕见的名木。

狝猴谷有数量众多的野生狝猴群落在景区内分布。太行狝猴，在进化系统上属灵长目猴科，为国家二级保护动物。

由于太行猕猴是生活在气候较冷，纬度最北的猕猴群，周围环境山峰陡峭，因此猕猴群体大，壮硕，毛长尾短，善于攀缘，喜欢跳跃，行动敏捷，形体俊美，模仿性强，为猕猴中最进化的一种，具有很高的科研价值、经济价值和观赏价值。

太行猕猴终年栖息于针阔叶混交林、灌木林及悬崖峭壁之间，喜群居生活，由猴王率领猴群，并配备护卫猴、哨猴，通常每群百只左右。它们白天活动觅食，夜间宿于悬崖峭壁之上，以植物性食物为主，属杂食性动物。

叠彩洞是连接豫晋两省的公路隧洞，是修武人民战天斗地的杰作，前后历时八年开筑而成。大小23条隧洞，首尾相连在峭壁间重叠直上。洞之间隙，可远观平川，近观悬崖，上观奇石，下观沟谷，听鸟语泉声如琴鸣，闻花香岚气沁肺腑。

峰上有一奇石，立在百花翠林之中，从不同角度观看，则分别变幻为大灵芝、秀丽的村姑、着长裙攀山的摩登女郎。其峰含山秀、石秀、花木秀之意。

万善寺坐落在形似奶头状的阎王鼻山峰下面，周围青山环抱，风景秀丽。它始建于明朝万历年间，相传是朝廷为了镇治此处的帝王风脉而建，寺名也属御赐。

子房湖又称平湖。汉代张良曾在沟谷西侧的山峰上操练兵马，帮助刘邦成就大业后隐退至此，因张良字子房而得名。湖两岸青山对峙，夹一带绿水，如诗如画，醉人心扉。苍翠的山，墨绿的水，相依相偎，展现出一幅壮阔波澜之景。

　　早晨和下午湖面阴一半晴一半，一边金光闪烁，一边碧绿透明。正午时，它像一面巨镜，把直射的阳光反射出去，使人眼花缭乱。湖的北端，有一座山峰酷似大佛，整尊大佛不仅有栩栩如生的面相、垂肩的双耳、交合的双手、盘坐的双腿，而且座下是莲花状的山丘。

　　晴天时，天空上白云朵朵，山水间烟雾缥缈，大佛若隐若现，神妙无比。每当早晨和黄昏，霞光映照，大佛通体生辉，轮廓分明，形象逼真，堪称云台山一奇观。

小知识大视野

　　云台山主峰茱萸峰极顶，建有一座真武庙。相传，真武原是2200多年前黄河北面一个古国的太子。他自幼视皇位如同草芥，认为荣华富贵是过眼烟云，矢志修仙盼道，追求万古不变真身。18岁时，真武受道教元始天尊显形点化，并授他上品炒经一卷，来到了云台山修武苦练。

　　真武出家修行后，为了苦练自己的意志，时刻不停地诵经。他专心致志潜心修炼，因长时间诵经，肠胃也逐渐有了道法。胃变作一只大龟，肠化为一条巨蛇，后来成为真武祖师的"龟蛇二将"。现在山顶西侧的翠屏峰上，有乌龟蟒蛇两块怪石，传说是龟、蛇化身在为真武祖师看守门户呢！

骊山晚照——骊山

　　骊山，位于陕西西安临潼区城南，属秦岭山脉的一个支脉，靠着秦始皇兵马俑博物馆。

　　骊山的最高峰九龙顶，因山势逶迤，树木葱茏，远望宛如一匹苍黛色的骏马而得名。骊山也因景色翠秀，美如锦绣，故又名"绣岭"。每当夕阳西下，骊山辉映在金色的晚霞之中，景色格外绮丽，有"骊山晚照"之美誉。

　　骊山是秦岭北侧的一个支脉，东西绵延20余千米，远望山势如同一匹骏马，故名骊山。骊山温泉喷涌，风景秀丽多姿，自3000多年前的西周就成为帝王游乐宝地。周、秦、汉、唐以来，这里一直是游览胜地，曾营建过许多离宫别墅。

　　这里有被称为关中八景"之一的"骊山晚照"、烽火戏诸侯的烽火台等。

　　骊山风景秀丽，相传周幽王在此建骊宫，秦始皇时改为"骊山汤"，汉武帝时扩建为离宫，唐太宗营建宫殿取名"汤泉宫"，唐玄宗时再次扩建取名华清宫，因以温泉为特征，又称华清池。

　　骊山是我国名山之一，是唐华清宫的重要组成部分。其山势峻峭，断层地貌别具一格，其森林景观独具特色，有千亩侧柏林、骊山拧拧柏、八戒显形树等。

中华上下五千年文化在骊山均留下烙印，这里古迹遗址星罗棋布，历史文化博大精深，离宫别墅颇有皇家风范，地热温泉极具魅力。

秦始皇陵位于陕西省西安市以东的骊山北麓，它南依骊山的层峦叠嶂之中，山林葱郁；北临逶迤曲转、似银蛇横卧的渭水之滨。高大的坟冢在巍巍峰峦环抱之中与骊山浑然一体，景色优美，环境独特。

秦始皇陵陵园按照秦始皇死后照样享受荣华富贵的原则，仿照秦国都城咸阳的布局建造，大体呈回字形。陵墓周围筑有内外两重城垣，陵园分内城垣和外城垣。陵区内目前探明的大型地面建筑为寝殿、便殿、园寺吏舍等遗址。

陵区封土呈四方锥形。秦始皇陵的封土形成了3级阶梯，状呈覆斗，底部近似方型。为了防止河流冲刷陵墓，秦始皇还下令将南北向的水流改成东西向。

陵园的南部有一个土冢，筑有内外两道夯土城墙，分别象征皇城和宫城。在内城和外城之间，考古工作者发现了葬马坑、陶俑坑、珍禽异兽坑，以及陵外的人殉坑、马厩坑、刑徒坑和修陵人员的墓室。

秦始皇帝陵以其规模宏大，埋藏丰富著称于世。古埃及金字塔是世界上最大的地上王陵，我国秦始皇陵则是世界上最大的地下皇陵。

地下宫殿是秦始皇陵墓建筑的核心部分，位于封土堆之下。陵园以封土堆为中心，四周陪葬分布众多，内涵丰富、规模空前，除闻名遐迩的兵马俑陪葬坑、铜车马坑之外，又新发现了大型石质铠甲坑、百戏俑坑、文官俑坑以及陪葬墓等多处。

秦始皇陵共发现10座城门，南北城门与内垣南门在同一中轴线上。坟丘的北边是陵园的中心部分，东西北三面有墓道通向墓室，东西两侧还并列着4座建筑遗存，有专家认为是寝殿建筑的一部分。

1980年发掘出土的一组两乘大型的彩绘铜车马高车和安车，是迄今我国发现的体形最大、装饰最华丽、结构和系驾最逼真、最完整的古代铜车马，被誉为"青铜之冠"。

兵马俑坑是秦始皇陵的陪葬坑，位于陵园东侧。由此埋葬在地下2000多年的宝藏得以面世，被誉为"世界第八奇迹"。

兵马俑坑现已发掘三座，俑坑坐西向东，呈"品"字形排列，坑内有陶俑、陶马8000多件，还有40 000多件青铜兵器。坑内的陶塑艺术作品是仿制的秦宿卫军。近万个或手执弓、箭、弩，或手持青铜戈、矛、戟，或负弩前驱，或御车策马的陶质卫士，分别组成了步、弩、车、骑四个兵种。

从石瓮水潭处攀援西行是从东绣岭通往西绣岭的一段险道。要想上行，必须手足并用，盘旋而上，如同鸡上架一般，故而此处得名"鸡上架"。

牡丹沟沟中有泉，称"美泉"。据说，用这股美泉浇灌的牡丹，花色特别娇艳。

金沙洞是唐玄宗和杨玉环在骊山的一个秘宫，俗称幽洞，是他们避开众人独自秘密会聚的一个山洞。明英宗正统年间，书生刘瑞五探奇冒险，从而揭开了金沙洞的秘密。洞中有唐玄宗、杨贵妃及众宫娥的白玉雕像，杨贵妃腼腆羞涩，唐玄宗含情脉脉，众雕像无不栩栩如生。

烽火台是古代战时传递战报、调兵的设施。

相传西周末年，周幽王娶了一位貌若天仙的女子名叫褒姒，可遗憾的是褒姒自进宫以来从未开怀一笑，于是周幽王便采纳了奸臣虢石父的计谋，无故点燃狼烟，引得四方诸侯前来救驾。

当众诸侯汗流浃背地赶来时，见到的却是烽火台上的灯红酒绿、歌舞升平，于是愤然离去。

这时，褒姒看见众臣的狼狈样，果真"扑哧"一声笑了。为此周幽王大大奖励了虢石父。

公元前771年，犬戎入侵西周。当周幽王再次点燃烽火时，却无人来救，西周至此灭亡了，从而留下一个"烽火戏诸侯，一笑失天下"的典故。

母宫位于骊山西绣岭第二峰，这座庙宇在历史传说中是为了纪念中华民族的创始人女娲氏而修建的。据记载，女娲本为骊山附近一名杰出的氏族首领。每年的农历六月十三，四方群众携床单和干粮，夜宿骊山，祭祀老母，这个风俗沿袭至今。

相传女娲"攥黄土做人"，创造了人类，三皇五帝均为其子孙。她又在骊山炼石补天，劳苦而功高，后世人尊称她为"骊山老母"。她死后，人们将其葬于骊山之阳，又在骊山上修女娲祠纪念她。

老君殿始建于唐代，老君即老子。唐高宗李治因老君姓李，并且为道教始祖，认为和其同宗，更加敬之，将其认作先人，上了封号。

相传唐玄宗游幸华清宫时，两次在此梦到老君降临阁内，因此此处称为"降圣阁"，又称"朝元阁"，殿内原供奉着白玉老君像，是唐代西域著名雕像家元迦儿的杰作。

三元洞北临华清池，上通老君殿，是由骊山西门登山的第一景点，也是一处自然奇观。

三元洞有几个清静幽雅的空洞，洞内奉祀着道教所尊的"天宫、地宫、水宫"三元。其最奇特之处是窑内有五个茶杯口粗细的天然通风圆洞，深不知底，昼夜生风，春夏风向外吹，秋冬风向里吹。

骊山晚照是"关中八景"之一，据说，每当雨过天晴，云开雾散，骊山似一匹青色的骏马，青翠欲滴，清晰可见，在夕阳下披上一层迷人的金色，更显得流光溢彩，妩媚动人。

石瓮谷是骊山东、西绣岭之间一处秀丽幽深的峡谷，山势险峻，沟大谷深。下有剑悬瀑布千尺，水声淙淙，击石飞溅，天长日久冲蚀所就，其形似瓮，故称石瓮谷。谷长深邃，上下曲折，幽谷奇景乃骊山奇险迷人之处。据说为八仙上天入地之通道，称登天道，有一天门、二天门和三天门。石瓮谷东边建有石瓮寺。

遇仙桥位于骊山东、西绣岭之间的石瓮谷中，这是一座单孔石拱桥。相传明朝一书生赴京赶考，行至此谷感其风景优美，便宿于石瓮寺观景。

第二天他在此桥上遇到了前往蓬莱的八仙，求得仙人的指教，他金榜题名，被封为翰林，此桥由此得名。

据有关资料考证，遇仙桥是唐代所建，距今已上千年历史，然而坚固异常。站在桥上，仰望骊山，水幔悬挂，可观赏到石瓮寺、举火楼、鸡上架等景点。

长生殿也叫集灵台，在晚照亭东，是唐华清宫的主要建筑之一。本来是王宫、大臣们去朝元阁朝拜前斋戒和沐浴的地方，后来成为唐明皇与杨贵妃的休闲避暑之地。它的驰名也在于《长恨歌》中记述了唐明皇和杨贵妃那段爱情遗事。

小知识大视野

相传在很早的时候，天的一角塌了下来，当时神通广大的女神骊山老母便不顾一切离开天宫来到了人间，她想出了个炼石补天的办法。

她的两个女儿也骑着飞马一同帮母亲炼石补天，可是天地间仍有一些缝隙。这时候，大女儿一急之下，就把身子躺了下去，化成一条长堤，才挡住了洪水。

飞马看见姐姐躺了下去，自己也一直躺在这里不走了，天长日久，飞马就化成了一座大山。这个飞马长得特别俊秀美丽，后来人们都亲昵地把这座山叫做"骊山"。

北方桂林——天桂山

西柏坡天桂山风景名胜区位于河北省西部太行山东麓的平山县境内，由西柏坡、天桂山、驼梁、温泉度假村和中山古城组成。

西柏坡天桂山属暖温带半湿润大陆性季风气候，四季分明，光照充足，是观光度假的理想之地。景区向东向西，高低悬殊，景色各异：春日杜鹃映冰，夏季漫山碧透，秋来层林尽染，冬至冰雕玉砌。

据史书记载，西柏坡原名"柏卜"，始建于唐代，因村后坡岭上翠柏苍郁而得名。1935年，该村一位教书先生将"卜"改为

"坡"，又因与"东柏卜"村相对而居，遂将之改名为"西柏坡村"。

西柏坡，这个冀西山区滹沱河北岸的小山村，不仅风光秀丽，而且水土肥美。小山村位于平山县中部，正处于华北平原和太行山的交汇处，在一片向阳的马蹄状山坳里，西柏坡三面环山，一面环水，西扼太行山，东临冀中平原。

这里交通方便，易守难攻，既适宜危急时刻向山里撤退，又便于顺利时向城市进军。西柏坡村一带村庄稠密，且沿滹沱河分布，依山傍水滩地肥美，地宽粮丰，稻麦两熟。

天桂山有青龙观道院、玄武峰、万佛岩、翠屏山、银河洞、天桥山等景区。景区内重峦叠嶂，绝壁千仞。在三栈的山坳中，坐落着主景区青龙观，上依危峰，下归绝壁，左有青龙峰，右有白虎垴，恰似一把太师椅。

青龙观是一座政教合一的皇家道教建筑，原是明朝崇祯皇帝的行宫。在纯自然景观中增添了一组富有皇家园林气派和道家宫观风采的建筑群体，因为湖北的武当山是我国著名的道教圣地，随之又有"北武当"的美誉。

清初，青龙观屡有增设和修葺，拥有大小建筑12处之多。其中真武殿、苍岩殿和大光明殿共为青龙观的三大建筑。在这座集皇家园林、道教宫观和大自然秀丽景观于一体的风景名胜区内，青龙观的庞大建筑群，依山就势，随崖而建，真可谓陡崖镶金，绝壁嵌珠，巧夺天工。

在丛林掩映下，一组组建筑时藏时露，错落有致。在这里，不仅可以领略奇峰林立、雾锁云封、花繁林密、泉鸣瀑溅的自然景观，而且可以陶醉在红墙绿瓦、翘角飞檐、风拂铜铃、空谷梵音的氤氲气氛中，自是有一番超凡脱俗的情趣。

天桂山的主峰望海峰海拔1000多米，山脉呈东西向，其山脚下是滹沱河上游。望海峰是天桂山东峰一脉，这里终年云雾缭绕，时而山顶"戴帽"，时而云径流山腰，支海波涛，变幻无穷。在望海峰远眺，可见千峰竞秀，万壑争流，峰峦尽染霞光，景色蔚然壮丽。

玄武峰景区位于青龙观山顶，由天梯、天桂石林、灵霄胜境三部分组成。宽仅尺余的天梯斜嵌在断崖间，险峻陡峭，高插云天，让人有一步登天之感。

天桂石林位于主峰顶部，境内山径曲幽，步换景移，古木参天，静野瑰丽，怪石竞秀，似柱似塔，如禽如兽。苍龙伏地、群象演阵和金龟望月等景象形象逼真，惟妙惟肖。石林、云屏、瑶台、傲骨、真假山等造型奇特，千姿百态。

银河洞因洞内罕见的系列圆穹景观极似群星灿烂，故名银河洞。洞厅相连，洞下有洞，恢宏瑰奇。洞中"玉猫"乃稀世奇景，为一天然巨型汉白嵌入泥质灰岩中，在我国绝无仅有。该洞冬暖夏凉，享有天然"空调洞府"美誉。

景区内的大天桥为天然大型石拱桥，飞架于两座海拔千米的高峰之间，气势恢宏，可与张家界天桥并雄南北。伫立桥上，下临万丈深渊，云托桥，桥载云，云烟翻滚，令人惊心动魄。

　　天桂山呈典型的岩溶地貌，融山泉林洞于一体，集雄险奇于一身，颇具广西桂林山势之特点，这里四季如春，故有"北方桂林"之称。

　　驼梁位于河北省平山县西北端冀晋两省交界处，与佛教圣地五台山遥遥相望，因山顶恰似驼峰而得名。

　　驼梁主峰层峦叠翠，林海滔滔，幽峡如画，瀑布成群，云海频出，气候宜人，万千景色处处引人入胜。

驼梁从山谷到顶峰分布着白桦、松柏枫树、山杨等树种及灌木草本植物，而且到处可见野玫瑰、丁香、菊花、金莲花、杜鹃花、毛金花和山丹丹等奇花异卉及黑木耳、野黄花、蘑菇和地皮等山珍野味，还可采到无数种名贵中药材。

五月暮春，驼梁杜鹃花披红挂绿；七月盛夏，百花盛开，争芳斗艳，山顶"五月草甸"之美景令人赞叹。南驼夏季云腾雾绕，山峰在云海中出没；秋季满山红叶，五色缤纷，身临其境，犹如画中；冬季飞雪，冰川晶莹，银枝素花，可谓壮观。

景区内飞禽鸣叫，野兽出没，溪水长流，瀑布成趣。驼梁更以凉爽的气候而著称，夏季平均气温只有19度。夏日的驼梁绿茸茸，水淋淋，仿佛刚从水中捞出，山含岚气，云带雨露。

驼梁的冰泉、龙泉、马趵泉等数十个清泉，宛若串串明珠撒落峡中，晶莹清澈，涸旱不竭。
三叠瀑、白龙瀑、人字瀑、五
指瀑等近百处瀑布，飘舞在葱
茏幽深的长峡中，飞珠溅玉，
寒烟凝翠。驼梁峰巅的空中草
原、花海，更是大自然的神奇
杰作。山顶，宽坦如砥，草茵
幽幽，隐于蓝天白云和松林绿
波之间。

温泉度假村以得天独厚的
优质天然温泉而著名，自汉武
帝刘彻在此发展温泉沐浴疗疾
至今已有2000多年的历史。泉水含有氡、锌、镁、氯、硫等30多
种矿物质，是国内外罕见的高温弱碱氯化硫酸盐氡泉。

温泉度假区内的温泉属全国重点地热矿泉之一，泉水出水温
度常年保持在69度，可调节人体的血管系统和神经系统功能，起
到降压、镇静等作用，对各种皮肤病均有神奇功效。

中山古城遗址位于河北省平山县三汲乡，中山古城是战国时
期中山国的都城，系全国重点文物保护单位，有城址、陵区等多
处景点。

古城址平面呈不规则的长方凸角形，城垣依河沟地形修筑，
利用河沟作城壕。城内中部筑一道南北向夯土隔墙，将城邑分为
东城和西城。城垣现已大部无存，地下城墙基部尚能连贯。

北墙、西墙和南墙上有四处突出城垣的建筑基址，其位置均

与护城有关，可能是防御设施。北墙中部和西墙中部各发现城阙一处。西城内发现一条贯穿东西的干道，东接建筑遗迹区，西经西门至城外。

东城的东部发现大型建筑群两处，与三号大型建筑群相距约1500米，南北遥遥相对，大致在一条中轴线上。遗址以夯筑高台为中心，两侧有大面积的夯土基址，基址上面有圆形柱基，外有夯土墙基。

东城西部中区发现大面积的手工业作坊遗址，经局部发掘，基本上可分为三个手工作坊区。北部为烧制陶器的作坊区，南部为铸铜、铁器作坊遗址，东南部为制骨器、玉器和石器的作坊遗址。

烧制陶器的作坊区内，东部以制陶为中心，西部为密集的烧陶窑区。铸铜、铁器作坊遗址内，北部为铸铜器区。

西城的北部为王陵区；南部为大面积的居住区，遗址内灰坑密集；东部为密集的建筑遗迹区。

小知识大视野

从前，在天桂山后山的蒿田村，有一姓马的妇人，她每天早晨都要从山下挑一担水，到山上的奶奶庙去卖。每次挑水时她都要在一棵槐树下歇息并给老槐树浇水。

有一年夏天，老妇人挑水到槐树底下时突然昏倒在地。这时，槐树根部突然冒出一股泉水，老妇人上前喝了一口，一下子好了许多。从此，槐泉也因此出了名。著名诗人刘章游览此地，听了槐泉的故事之后，当场赋诗一首："老妪浇槐不计年，黄花绿叶点青山。有情草木良心在，滴水之恩报涌泉"。

滨海胜地——北戴河

北戴河海滨地处河北省秦皇岛市的西部，由于受海洋气候的影响，这里夏无酷暑，冬无严寒，常年保持一级大气质量，没有污染，没有噪音，城市森林覆盖率达50％以上。

北戴河海滨避暑区，西起戴河口，东至鹰角亭。这里气候宜人，曲折平坦的沙质海滩，沙软潮平，背靠树木葱郁的联峰山，自然环境优美。

徜徉于北戴河区和野生动物园之间，在海水、沙滩、树木和动物的相伴下，你会欣赏到大自然无与伦比的美。

秦皇岛的海岸线长，滩涂缓和，海产品丰富，非常适合海上垂钓。海港区东山码头、北戴河码头、南戴河仙螺岛、昌黎翡翠岛等都可以海上垂钓。

北戴河海滩背靠联峰山，联峰山分东西两峰，山上山下松柏成林，郁郁葱葱。东联峰山从山间小路可行至山顶望海亭。在这里俯瞰海滨，翠绿欲滴的丛林，鹅黄色绒毯般的沙滩，碧蓝的大海，使人心旷神怡。

北戴河是神州九大观日处之一。北戴河观日处位于北戴河海滨，东北端的鹰角石为最佳地点。这是一座屹立于海边的孤峰，石骨嶙峋，陡峭如削，形如鹰立，故名鹰角石。过去，曾有成群的野鸽栖息在石缝之内，故此处又名鸽子窝。

在山峰上建有鹰角亭，登临其上，望沧海，碧波万顷，白浪滔滔，更觉气势磅礴。

在海岸线上，沙滩和礁石，相互交错；海湾和岬角，依次排开。沙滩松软洁净，堪称北方第一。礁石造型奇特，引人无限遐思。海湾浅浅碧水，浴场沙软潮平。岬角拔地而起，观鸟观海观日出，此处最富吸引力。

天下的山有的以高大雄伟而闻名，有的以挺拔险峻而著称，而北戴河的联峰山却不同，人们在温柔舒缓、平步青云中不知不觉就能到达山顶，眺望方圆百里山峦大海的旖旎风光。

联峰山公园是一个有着近百年历史的森林公园，这里奇石异洞、翠柏青松、亭台阁榭、鸟语花香，把山装点成为一个有着鲜明个性的绿色世界，一幅气象万千的绚丽图画。

联峰山公园又称莲蓬山公园，是北戴河海滨一座小型的森林公园，原有的地形地貌和植被保存完好，山林自然特点突出。公园内有三座松林覆盖的山峰，因山势连缀，固有联峰之妙；山势远视又似莲蓬，故也称之为莲蓬山。

联峰山山顶建有望海亭。登亭远眺，北戴河区海滨的秀丽风光尽收眼底。主峰北面是青龙山，主峰东北是鸡冠山，山上建有观景凉亭。

联峰山南麓有蜿蜒曲折、顺势而上的水泥台阶，北麓有用花岗石板铺成的台阶直通山顶。

公园内有观音寺、钟亭、朱家坟、桃园洞、三眼井、莲花石、翁石、避雨石、对语石和卧石等名胜古迹。莲花石旁有石碑，碑的正面是徐世昌的题诗《题莲花石》，碑的背面有碑文记载1919年公益会在此建莲花石公园的始末。

联峰山公园原为开放式，先后建起南北大门，南门仿牌楼式建筑，形体高大，色彩华美，古朴典雅；北大门采用大理石贴面，气势雄伟壮观。

碧螺塔位于北戴河海滨小东山，这里三面环海，风光绚丽。碧螺塔为公园的主景建筑，它是世界独一无二的仿海螺形螺旋观光塔。其造型新颖别致，引人入胜，塔分七层，旋转式楼梯。

碧螺塔由下而上分为海、陆、天三部分。各种海藻、珊瑚、鱼类、动物、云彩、彩霞、鸟类飞禽等图案五光十色，珠光宝气，妙趣横生。

塔内装修大型壁画十余幅，装有大型木雕"碧螺仙子"和"海蛙姑娘"，刀工精细，古朴典雅。此外，还有大型落地屏风"柳毅传书"和"神女"条屏等。

碧螺塔为海滨东山地区的最高点，登塔远眺，一望无际，茫茫大海尽收眼底，使人心旷神怡。

老虎石海上公园位于北戴河风景区中心，公园内形态不一的礁石，状似群虎。碧海、金沙、碣石，吸引着无数人到此消夏。

老虎石如镶嵌在渤海之滨的一颗明珠，绚丽多姿，闪烁着诱人的光辉。老虎石在中海滩东面的沙滩上，由几块形态不一的礁石组成。礁石呈暗红色，散卧在海岸边，状似群虎，故而得名。

在北戴河区海滨金山嘴路东横山上，有一处规模宏大的建筑群，专家考证认定这是秦始皇行宫遗址。遗址东面是一组大型的四合型建筑群的一部分，该部分坐北朝南。

秦始皇行宫遗址出土文物丰富，有菱纹、饕餮纹、卷云纹、双云纹等瓦当、菱纹格空心砖、麻面大板瓦、陶井、陶盆、陶文等，经鉴定此处是秦始皇父子东巡碣石时的行宫遗址。

东海滩浴场是北戴河最好的海滨浴场，这里四周风景好，海水质量好，北戴河少有的贝壳沙这里也可以见到。贝壳沙由细细的小石头粒和贝壳碎片组成，晶莹剔透。

中海滩是北戴河海滨东路至剑秋路一带的海滩，这一带依山邻海，位置适中，有宽阔的浅海和明净的沙滩。

该景区东起第七桥南路，西至平水桥，南抵渤海岸边，北达黑石路北。中海滩以老虎石景点为中心，北戴河20多处海水浴场大多设在这一带。

北戴河濒临渤海湾，特产以海产品为主。这螃蟹、干贝、海蝗鱼、梭鱼、墨斗鱼、带鱼、鱿鱼、海螺、毛蚶等贝壳类品种繁多，集渤海湾海味产品之精华。

螃蟹是海滨的主要海产品，种类较多，尤以梭子蟹为佳，其特点是形体较大，身形扁长，为浅青色，当地又称其为"大海蟹"。

海参种类甚多，而北戴河的刺参品味尤佳。海参体近圆柱形，两端钝圆，腹面平坦并且管足密集，背面有突棘，多为灰黑色或黄褐色，肉质肥厚，鲜嫩可口。海参味道鲜美，食而不腻，是海中八珍之一。

北戴河区沿岸还是对虾洄游、繁衍、栖息的场所，因此这里具有得天独厚的捕捞和养殖条件。鲜活对虾体色青中衬碧，玲珑剔透。熟后通体橙红，如珊瑚雕就，观之色艳悦目，食之鲜美异常，为虾类上品。

扇贝因其壳形似扇而得名，是名贵的海产双壳贝类。其贝壳轻薄而坚硬，上有若干条放射筋络，呈红、黄、紫、白等鲜艳色彩，是贝雕工艺品的绝好原料。北戴河所产扇贝主要为栉孔扇，其肉质细嫩，味道鲜美，营养丰富。

小知识大视野

相传，四海龙王之子为争夺龙位互相残杀，玉皇大帝知道后命四海龙王诸子到天河来比赛。渤海龙王有意让自己的儿子小白龙继承王位，于是就把宫中的宝贝击水玉带偷偷地交给了小白龙。

小白龙在比赛中因为救一位民女，没有获得王位，被安排在玉带冲击而成的玉带河里镇守，从此这里的人们过着安居乐业的生活。

因为玉带是白色的，有人管它叫做白带河。后来，又因"白"和"北"的字音相近，"带"和"戴"音相同，人们就把它叫作北戴河了。

图书在版编目(CIP)数据

自然名胜景观/戚光英编著. —武汉:武汉大学出版社,2013.8(2023.6重印)

ISBN 978-7-307-11182-0

Ⅰ.自… Ⅱ.戚… Ⅲ.自然景观-中国-普及读物 名胜古迹-中国-普及读物 Ⅳ.K928.7-49

中国版本图书馆CIP数据核字(2013)第199411号

责任编辑:刘延姣　　　责任校对:文大海　　　版式设计:大华文苑

出版发行:**武汉大学出版社**　　(430072　武昌　珞珈山)
　　　　　(电子邮箱:cbs22@whu.edu.cn 网址:www.wdp.com.cn)
印刷:三河市燕春印务有限公司
开本:710×1000　1/16　印张:10　字数:156千字
版次:2013年9月第1版　2023年6月第3次印刷
ISBN 978-7-307-11182-0　定价:48.00元